KB056113

SF는 정말 끝내주는데

SF는 정말
에스에프
끝내주는데

심완선 지음

SCI-FI IS
A BLAST,
REALLY

©ARRAT

케이플랫

차례

03 몰락하는 미래, 반발하는 SF

04 조금 더 가까운 이야기

SF, 다른 삶을 경험할 기회

　　내 글은 마감이 만들었다. 마감이 글을 만드는 경험을 나만 해보지는 않았을 것이다. '언젠가'든 '조만간'이든 구체적인 마감 날짜로 바꾸지 않으면 여유 시간이란 영영 도래하지 않는다. 2018년 작고한 SF 및 미스터리 작가 케이트 윌헬름은 "필요하다면 강제로라도, 속임수든 뇌물이든 어떤 방법을 써서라도" 글 쓸 시간을 확보하라는 글을 쓴 적이 있다. 아이를 둘 키우는 중에 작가가 되려고 마음먹었던 사람의 말이다. 그녀는 원래 작가란 너무 대단한 존재라 자기와 무관하다고 여겼다고 한다. 나는 내 글을 사랑하지만 나라는 사람은 아무것도 아니라고 생각했다. 글 쓰는 일에 포부를 가진 적이 없었고, 달력에 형광색으로 표시한 마감일 없이는 글 쓰는 시간의 우선순위를 끌어올리기 어려웠다. 그러니 내 글쓰기는 남이

7

내미는 손을 잡고서야 한 걸음씩 디딜 수 있었던 셈이다. 마감에 떠밀리는 데 성공한 글은 원고가 되어 여기 실렸고, 아닌 글은 미완성인 채로 아직 나만 보고 있다(보고 계세요? 마감 엄수, 분량 맞춰드립니다).

마감이 동력이 되는 이유는 그게 다른 사람과 연결되는 방법이기 때문이었다. 혼자 키보드를 두드리더라도 그게 혼잣말이나 헛된 노력이 아니라는 믿음, 어떤 사람이 되어 무엇을 이야기해야 하는지에 대한 고민, 그리고 지면이 주어지는 만큼 흥미로운 이야기를 할 책임이 있었다. 주로 요청받은 글을 썼으므로 주제는 정해져 있었지만, 내게 재미있고 남에게도 재미있으리라 믿는 이야기를 하되 보통은 SF 이야기를 했다. 덕분에 SF 칼럼니스트라는 타이틀이 생겼다.

특히 SF 세계의 여성 작가와 여자 주인공 이야기는 일부러 많이 했다. SF 평론가든 비평가든 칼럼니스트든, SF 작품을 소개하고 평가하는 글을 담당하는 사람 중에 혹시 설마 여자가 나밖에 없나, 하는 생각을 했던 적이 있기 때문이다(물론 사실이 아니다). 아무리 자기 객관화를 잘하더라도 성 정체성과 그에 따른 경험의 종류는 작품을 판단하는 시선에 영향을 미친다. 이성적이고 객관적이며 중립적인 시선이 존재한다는 생각은 근대와 함께 죽어 마땅한 환상이다. 하나의 올바른 정답이란 이상에 불과하고, 다양한 시각이 병존하는 상태가 이상적이다. 그러니 내게 글쓴이로서 역할이 있다면 한국에서 나오는 SF 이야기에 여성이라는 키워드를 섞는 일이 포함될 것이라고 보았다.

물론 여성은 많은 영역에서 그렇듯 SF 세계에서도 충분히 메이저한 마이너리티다. 'SF계의 노벨상'인 휴고상의 소설 부문은 4년째 여성 작가들이 휩쓸었고, "여자가 SF를 읽어요?"라는 말은 멸종했다(적어도 멸종 위기종임은 확실하다). 하지만 우리 사회에 SF를 뭐라고 생각하는지 묻는다면 아직도 대부분은 과학적이고, 딱딱하고, 우주가 나오고, 미래 기술이 들어가고, 낯선 이야기라고 대답할 것이다. 그런 종류의 일을 하는 사람이 여자냐고 묻는다면, 적어도 여자를 절반은 떠올렸냐고 묻는다면, 아니라고 대답할 것이다. 그렇다면 SF가 설명되는 방법, 즉 SF 담론은 아직 성별 고정관념에 사로잡혀 있다는 뜻이다.

담론이 생성되려면 목소리가 필요하다. 나는 파트타임으로 글을 쓰는 사람이지만, 담론을 만드는 목소리다. 나는 SF의 시초를 짚을 때 쥘 베른이나 허버트 조지 웰스를 읊기보다 메리 셸리의 〈프랑켄슈타인〉을 말하고(내가 시작한 이야기는 아니다), 성차별 철폐의 역사와 SF 문학사는 긴밀하게 연관되어 있다고 말하고, 막연히 여성형 섹스 로봇을 등장시키거나 섹스 로봇으로밖에 생각하지 못하는 이야기는 요즘 SF에선 안 먹힌다고 말한다. 그리고 이는 SF의 본질에 대한 이야기다. 휴고 건즈백은 SF를 정의하며 "문학적이면서도 진보적인" 장르라고 표현했다. SF 작가 테드 창의 말을 인용한 내 말을 다시 인용하면, SF는 "다시는 전으로 돌아갈 수 없는 상태로 세계를 바꾸는" 장르다. 그리고 성별과 사회구조와 인간의 상호작용은 우리의 변화에 당연히 중요한 주제다.

앞으로 나아가도록, 그리하여 지난 시절로 돌아갈 수 없도록 불가역적 변화를 야기하는 상호작용이야말로 SF가 재미있는 점이다. 물론 이 장르는 현실과 동떨어진 가상 세계를 만들어도 된다는 점에 치중하여 편안한 도피를 꿈꾸게 하기도 한다. 미국 서부를 무대로 나쁜 인디언을 죽이고 예쁜 여자를 얻는 이야기는 화성에서 나쁜 외계인을 죽이고 예쁜 공주를 얻는 이야기로 이어졌다. 개연성이나 정합성에는 관심이 없고, 정치적 올바름 같은 거슬리는 제약은 치워두고, 주인공 및 그에 자신을 이입하는 사람들의 욕망을 실현하는 데 충실할수록 우리는 쉽게 현실을 회피할 수 있다. 그러나 SF는 모처럼 세계를 건드리는 장르인 덕분에, 가상의 세계에서조차 결국은 현실을 되돌아보게 하는, 적극적으로 현실의 다른 가능성을 모색하고 받아들이는 이야기가 오래 살아남았다. 우리는 SF를 통해 우리가 살아온 세상 너머를 목도하고, 그 뒤로는 현실의 빈틈을 인식하지 않을 수 없다. 가보지 않은 미래를 끌어당기고 존재하지 않았던 과거를 경험시키는 일은 소설이 본래부터 해온 일이지만, 여기서는 그런 일이 노골적으로 일어난다.

개인적인 애정도 있다. 내가 읽은 책의 이야기는 내가 살아온 이야기다. 나는 목성에 가본 적이 없고, 달세계 여행을 해본 적이 없고, 로봇을 키우지도 않고, 21세기 이상으로 가본 적도 없다. 하지만 내가 읽은 책이 내가 살아보지 않은 삶을 제공한다. 내가 나라는 사람보다 더 큰 사람이 되어가는 이유는, 이전에는 나인 적이 없었던 이야기를 내 이야기로 받아들여 왔기 때문이다. 게다가 은혜롭게도, 책은 독자라면 누구에게나 똑같은 기회를 제공한다. 특히나 SF를 본다면 "문학적이면서도 진보적인" 삶을 경험할 기회가 있다. 그렇다면 독자 된 도리로 응당 권해볼 일이다. 한번 맛이나 보라고.

그리고 내 눈에 좋은 게 나한테만 좋을 리 없으니, 추천은 통하든 아니든 많이 하고 볼 일이다. 좋아하는 책을 좋아하는 사람이 늘어나면 그런 책의 판매량이 늘어날 것이고, 출판사는 책 보관 비용 걱정을 덜고 초판 발행부수를 늘릴 것이며,

그럼 출간 비용이 감소하니 덩달아 책 가격을 조금 더 낮게 책정할 수 있을 테고, 또한 확신을 갖고 관련 기획을 늘려 새로운 책 출간을 시도해볼 테고, 그럼 더 많은 사람에게 책의 진입 장벽이 낮아질 것이다. 덩달아 소비자인 나도 덜 벌어도 더 많은 책을 살 수 있을 터다. 전자책시장이 생겨서 부동산 걱정은 줄었지만 그렇다고 종이책을 덜 사게 되진 않았고, 최근에는 책 정리하는 법에 대한 책을 샀다. 책을 안 살 순 없으니, 대신 남들도 책을 사게 할 생각이다.

구슬이 서 말이라도 꿰어야 보배라지만 지금까지 그런 마감은 없었는데, 출판사 에이플랫에서 제안을 주신 덕분에 조각조각 흩어져 있던 글을 한데 꿰어보게 되었다. 이 책이 다른 책 한 권이라도 더 판매되는 데 기여한다면 기쁠 것이다.

심완선

01 균열을 찾는 여자들

〈스타워즈〉가
남자만의 이야기일 이유는 없다

영화 〈스타워즈 에피소드 5: 제국의 역습〉

옛날이야기부터 시작해보자. 〈스타워즈〉 시리즈를 말로만 들었던 오랜 세월 동안, 내게 〈스타워즈〉는 아버지 스카이워커에서 아들 스카이워커로 이어지는 이야기였다. 〈스타워즈 에피소드 5: 제국의 역습〉(1980)의 유명한 대사 "I am your father"와 "Noooooo"의 클리셰는 온갖 곳에서 심심찮게 등장했다. 알고 보면 스카이워커 집안의 또 다른 적자인 레아 공주의 이름은 그놈의 '황금 비키니' 농담으로 처음 들었다. 〈스타워즈 에피소드 6: 제다이의 귀환〉(1983)에서 레아 공주가 납치되어 황금색 비키니를 입고 나오는 장면에 성적으로 판타지를 품게 된 사람이 많다는 내용이었다. 레아를 〈스타워즈〉 팬덤의 섹스 심벌로 만들어준 이 의상은 경매에서 1억 원이 넘는 가격에 낙찰되었다.

비단 〈스타워즈〉로 한정할 것 없이, 여타 장르와 마찬가지로 SF 역사는 황금 비키니투성이다. 초기 SF의 성장 기반이었던 대량의 펄프 픽션은 남자 주인공이 모험을 하고 예쁜 여자를 구하는 이야기를 무대만 우주로 바꾼 내용이 큰 비중을 차지했다. 구시대 미국소설의 문제점도 그대로 있었다. 이들 세계에서는 중요한 역할을 맡는 등장인물과 작가와 작가 머릿속의 예상 독자가 죄다 백인 남성인 경우가 드물지 않았다. 다시 말해 인류 구성원 대다수가 진지하게 고려되지 않았다는 뜻이다. 거장으로 일컬어지는 남성 SF 작가들은 인류의 대표자가 늘 백인 남성인 이야기를 썼다. 유명한 작품이라고 아무거나 집었다가는 "인류에게 위대한 한 걸음"을 내딛는 인류라고는 죄다 남자들뿐인 꼴을 봐야 한다. 예를 들어 〈2001 스페이스 오디세이〉(1968)에 이름이라도 나오는 여성은 여객기 승무원, 비서, 동료의 어린 딸 3명뿐이다. 이들은 중책을 맡은 남성 등장인물들에게 상냥하고 천진한 말을 두세 마디 던진 후 다시는 돌아오지 않는다.

　이런 세계는 촌스럽다. 인간을 우주 끝까지 보내는 미래를 상상하면서도 그 인간이 남자가 아닐 수 있다고는 차마 생각하지 못한 티가 나기 때문이다. 〈스타워즈〉 시리즈는 온갖 외계 종족이 뒤섞인 사회에서 하필 백인 남성만이 주연을 맡았던 이유를 설명하지 못한다. 드라마 〈닥터 후〉의 주인공 닥터는 매 시즌 육체를 재생성하지만 어째서인지 반세기 동안 백인 남자의 형태를 벗어나지 못했다. 어떤 사람들은 이런 편향을 자연스럽고 당연하다고 받아들이는 것으로 보인다. 내게는 당연하지 않다. 그리고 내가 첫 불평가도 아니다. SF 역사의 다른 축은 젠더에 대한 낡은 고정관념을 뜯어 발기는 각축장으로 이루어져 있다. 이는 SF가 본질적으로 불가능한 일을 구현하고 현실의 제약을 뛰어넘는 장르이기 때문이다. 여기서는 과학기술만이 아니라, 사회적, 육체적, 성적으로도 변혁이 일어난다.

　"여자도 사람이라는 급진적인 생각", 특히 1960년대 이후 젠더 자체에 의문을 제기하는 여성운동은 SF 창작에도 고스란히 반영되었다. 여성, 흑인, 레즈비언, '백인'과 '남성'에 어긋나는 많은 이들이 SF의 특성을 십분 활용하여 문학적 실험을 펼쳤다. 젠더가 정해지지 않은 종족의 〈어둠의 왼손〉(1969), 여성우월주의를 가정한 〈이갈리아의 딸들〉(1977), 육체의 성별을 마음대로 바꾸는 〈레오와 클레오Options〉(1979), 남성이 멸종한 〈그들이 돌아온다 해도When it Changed〉(1972) 등이 그 결과물이다. 당시 흑인 SF 작가 새뮤얼 딜레이니는 "근래 좋은 SF를 쓰는 작가는 제임스 팁트리 주니어를 제외하면 전부 여자"라는 평을 남겼다. 백인 남성만이 SF를 만들었다면 그 상상력의 범위는 형편없이 좁았을 것이다. 나중에 밝혀졌지만 제임스 팁트리 주니어마저도 남성 필명으로 글을 쓴 여성이었다. 그녀의 이름을 딴 제임스 팁트리 주니어상은 젠더 개념을 실험하고 확장한 작품에 수여된다(제임스 팁트리 주니어상은 2020년부터 이름이 바뀌어 아더와이즈상으로 수여된다).

SF는 비현실이지만, 우리가 현실을 보는 법을 변화시킨다. 〈스타트렉〉 오리지널 시리즈가 당시 매카시즘 광풍을 비껴간 이유는 그것이 '허무맹랑한' SF이기 때문이었다. 그리고 흑인 여성인 우후라가 통신 장교로 함교에 서는 '비현실적인' 설정도 SF이기 때문에 가능했다. 비록 오리지널의 우후라는 미니스커트를 입고 비서나 전화교환수 노릇을 하지만, 그녀는 흑인 여성도 우주 비행이 가능하다는 것을 보여주는 아이콘이었다. 우후라를 연기한 배우 니셸 니콜스는 이후 NASA의 직원 모집 캠페인에서 전국 순회 홍보를 했다. 그녀는 "NASA는 흑인 여성도 뽑는답니다"라고 선전하기에 최적인 인물이었다. 최초의 흑인 여성 우주인이 된 메이 제미슨은 그녀의 영향을 받았다고 고백했다. 21세기인 지금은 SF 시리즈 '3대장'으로 꼽히는 〈스타워즈〉〈스타트렉〉〈닥터 후〉 모두 중심인물이 여성으로 바뀌었다. 그럼에도 일부의 우려와는 다르게 아무 재앙도 일어나지 않았다. 대신 백인 남자가 주인공이어야 할 필요가 없다는 사실이 명확해졌다.

이제 나는 레아를 황금 비키니가 아니라 저항군 사령관으로 기억한다. 레아를 연기한 유쾌하고 꼬장꼬장한 배우 캐리 피셔 이야기도 알고 있다. 캐리 피셔는 새로이 〈스타워즈〉에 합류한 배우 데이지 리들리에게 "넌 노예처럼 보이는 황금 비키니는 입지 마"라고 조언했다. 리들리가 연기한 여성 주인공 레이는 황금 비키니도, 흰색 시스루 드레스도 입지 않는다. 대신 출생의 비밀을 품고 루크 스카이워커가 섰던 자리에서 광선검을 든다. 아버지와 아들 서사를 비집고 여성과 흑인이 중앙에 나오기까지 30년이 걸렸다. 새 〈스타워즈〉 시리즈 캐스

팅을 두고 절대 안 된다느니 진짜 〈스타워즈〉가 아니라느니 하는 비난이 많았다. 그렇지만 SF야말로 고정관념을 깨는 장르다. 그리고 고루한 "절대 안 돼"가 무너지는 걸 지켜보기란 즐거운 일이다.

반례와 증명
〈여성작가 SF 단편모음집〉
2018

〈여성작가 SF 단편모음집〉 ⓒ온우주

여성의 글쓰기는 두 가지 의미로 받아들여지곤 했다. 여성이 쓰는 글, 그리고 남성의 것보다 부족한 글. 데카르트는 여성은 아이나 동물과 마찬가지로 이성이 없기 때문에 진정한 인간의 요건을 결여한 존재라고 보았다. 칸트 역시 여성은 교육될 수 없으므로 판단력을 획득할 수 없다고 썼다. 여성은 남성의 보조자일 뿐이라고 여겨졌던 오랜 세월 동안 여성의 글은 여성이 썼다는 이유로 으레 사소한, 감상적인, 현실을 모르는, 지적 성취를 기대하기 어려운 글이라는 혐의를 받았다. 한국에서도 과거부터 오랫동안 여성의 글쓰기는 규방문학이나 기생문학으로, 심심풀이 모방이나 시시한 잡문의 문학사로 정리하여 교과서에 수록할 가치가 없는 것으로 취급받았다. 최근까지도 여성 작가에게 "여류답지 않은", "여성의 한계를 벗어나" 등의 수식어를 칭찬으로 쓰는 관행이 남아 있었다. 여성을 '여류'라며 일반 (남성) 작가들과 구별하는 말이 사라진 지도 얼마 되지 않았다.

여성 작가들이 작가로 평가받기 전에 먼저 여성이라는 장애물을 극복해야 했던 경우는 심심찮게 찾아볼 수 있다. 최초의 SF소설이라고도 불리는 〈프랑켄슈타인〉을 썼을 때 메리 셸리는 이를 익명으로 투고했다. 1818년 〈프랑켄슈타인〉에는 그녀의 남편이 대신 쓴 서문이 들어가 있다. 나중에 그녀가 이름을 드러내자 〈프랑켄슈타인〉에는 "어린 여성의 병적인 상상력"에 불과한 소설이라는 꼬리표가 붙었고, 1970년대에 들어서야 재평가가 이루어졌다. 뛰어난 취재 보도로 탐사 분야의 선구자가 된 여성 기자 넬리 블라이는 "여자가 있을 곳은 집 안"이라는 내용의 기사에 "여자를 집에만 묶어두는 것은 낭비"라는 반박문을 보냈다가, 편집부가 그녀를 남자라고 오해했던 덕분에 기자로 채용되었다. 훌륭한 글을 썼으니 자연히 남성 필자라고 간주된 탓이다. '제임스 팁트리 주니어상'의 모델이 된 SF 작가 제임스 팁트리 주니어의 이름은 앨리스 브래들리 셸든의 남성 필명이었다. 백인 남성 작가가 주류를 차지했던 영미 SF 세계에서 그녀의 남자 행세는 손쉽게 받아들여졌다. 팁트리 주니어가 그 이름을 쓰는 동안, 팁트리 주니어의 SF소설에 담긴 페미니즘 모티브는 남성도 여성에 대해 탁월한 SF를 쓸 수 있다는 근거로 활용되었다. 반대로 그녀가 여자라고 밝혀졌을 때의 충격은 '팁트리 쇼크'라는 이름이 붙을 정도였다. 또한 종종 SF 단편을 게재했던 〈플레이보이〉는 어슐러 K. 르 귄의 단편을 실을 때는 그녀가 남자 작가처럼 보이도록, 최소한 여자임을 눈치채지 못하도록 작가명을 U. K. 르 귄으로 줄여서 기재했다. 〈해리 포터〉 시리즈의 저자 조앤 롤링은 출판사에서 마찬가지 권유를 받고 J. K. 롤링이라는 이름으로 책을 냈다. 르 귄은 〈플레이보이〉 이후로 어디서든 절대로 자신의 이름을 줄이지 못하게 했고, 롤링은 후에 저자명을 조앤 K. 롤링으로 바꾸며 책에 저자 사진을 추가했다. 자의였든 타의였든, '여성'이 못 미더운 이름으로 치부된 역사다.

저자의 성별을 가리면 남성의 글로 받아들여졌다는 사실은, 반대로 말하면 여성의 글 자체에는 아무런 표시가 없다는 의미. 여성 작가들은 '여성적'이지 않으며, '여자다운' 글을 쓰지 않는다. 자기 자신다운 글을 쓸 뿐이다. 그녀들은 글 속에서 능란하게 자신을 시험하고 가장하고 창작하며, 현실의 제약을 털어버린다. 물론 여성이라는 자의식을 뚜렷이 드러내며 여성의 문제의식을 치열하게 부각한 작가들이 있다. 특히 SF의 경우 불가능을 실현하고 시험한다는 장르의 특성 덕분에 젠더에 관해서도 다양하고 전복적인 시도가 이어졌다. 페미니즘 SF 작가들은 여성이 세상을 점유하는, 젠더를 없애는, 고정관념을 무력화하는 실험을 하며 창작을 통해 주류적인 편견과 긴장 관계를 형성했다. 어느 쪽이든 그녀들의 글쓰기는 기나긴 반례를 구축해온 과정이다. 여자는 좋은 글을 쓸 수 없다는 헛소리에 대한 반례 말이다. 여성에 대한 편견이 존재하는 한 여성의 글쓰기는 그 자체로 반박과 증거가 된다.

〈여성작가 SF 단편모음집〉은 여성 작가의 SF 단편을 모집하며 주제나 내용에 상관없이 그저 작가가 여성일 것을 기준으로 삼았다. 주제별로 엮은 단편집에 비하면 그녀들의 글쓰기는 한 권으로 묶어두기에는 들쭉날쭉하지만, 그러하기에 오히려 동시대 한국 여성 작가의 SF를 광범위하게 포괄한다고 볼 수 있다. 그리고 이 글들은 SF답게 지금 여기라는 울타리를 벗어나 다른 시대, 다른 세상으로 미끄러져 나간다는 공통점을 지닌다. 여기서는 각 단편을 내용에 따라 언어, 죽음, 해방이라는 세 가지로 묶어서 살펴보고자 한다.

언어는 인간이 타자에게 인간의 지위를 인정하는 대표적인 기준이었다. 인공지능이 과연 스스로 생각하는 존재인지 논하는 튜링 테스트와 중국어 방Chinese room, 존 설John Searle이 튜링 테스트로 기계의 인공지능 여부를 판정할 수 없다는 것을 논증하기 위해 고안한 사고실험 논쟁은 기계가 인간처럼 언어를 구사하는지를 기준으로 삼았다. 메리 셸리의 〈프랑켄슈타인〉이 독특했던 점은 여기 등장하는 괴물이 달변가라는 점이다. 영화 등으로 재창작된 버전과는 달리 본래 프랑켄슈타인 박사의 괴물은 단순히 공포스러운 괴수나 불쌍한 실패작이 아니라 말이 통하는 인격체로 그려진다. 작중 괴물은 유창하게 자신의 정당성을 항변하고, 창조자의 뜻대로 살해당하기보다 자신이 원하는 대로 사라질 것을 선언한다. 그는 스스로 생각하고 말할 수 있었기 때문에 아버지의 통제를 뛰어넘는 진정한 괴물, 인류와 갈라진 새로운 종이 된다. 이렇듯 인간과 비인간을 가르는 언어의 문제는 SF의 오래된 주제이며, 인간을 초월하는 피조물을 향한 인간의 욕망, 공포, 동경, 그리고 새로운 존재가 품을 가능성을 다루곤 한다.

첫 수록작인 파출리의 〈데뷔〉는 연주자 로봇 '말러'들이 언어를 익히며 자아를 형성하고, 대화를 통해 타자와 조율하는 과정을 다룬다. 말러들을 만든 '최씨'는 자신의 발명품이 악보를 그대로 재현하기만 하는 자동 연주 기계가 아니라 청중의 말에 반응하고 답하는 위대한 연주자가 되길 바랐기 때문에 그들에게 언어 기능을 추가한다. 그들은 알고리즘의 세계에서 언어의 세계로 이전하는 중에 필연적으로 혼란, 오류, 모순을 겪으며 최씨의 설계에서 튕겨 나오지만, 이런 어긋남이야말로 말러들이 진정한 연주자로 거듭나는 과정이다. 그들은 위대한 연주자답게 아무런 명령 없이도 관객보다 앞서 선곡을 할 테고, 각기 다른 소리를 내어 불완전하면서도 감동적인 사중주를 이룰 것이다.

이와 달리 양원영의 〈신의 별〉은 인간의 언어가 안드로이드의 언어로 변환되는 과정에서 발생하는 아이러니를 짚는다. 안드로이드는 지치지 않고 변덕을 부리지 않고 죽지 않기에, 인간의 한마디가 그들에게는 무한히 지속되는 명제로 바

뀔 수 있다. 〈신의 별〉에서 미래의 지구를 지배하는 안드로이드는 인간에게 배운 대로, 그러나 인간의 표현방식을 초월하는 영원하고 지고한 사랑을 선사한다. 그것이 비록 주인인 인간에게는 끝없는 악몽일지라도 말이다. 이야기를 움직이는 흑막이 한없이 친절하고 상냥한 가정부라는 점도 맛을 더한다.

반대로 전혜진의 〈바이센테니얼 비블리오필〉은 인간의 방식을 고민하는 단편이다. 이 글의 선배 격인 아이작 아시모프의 〈바이센테니얼 맨〉은 멀쩡한 로봇이 왜 인간이 되고 싶어 할지(그것도 왜 꼭 백인 남성이 되고 싶은지), 인간의 삶이 무엇인지 깊이 고민하지 않았다. 그러나 기계와 인간을 보는 관점이 달라진 지금은 기계가 인간을 동경하는 모습이 더 이상 당연하지 않다. 〈바이센테니얼 비블리오필〉은 이전 시대와 달리 인공지능을 인간의 챔피언 벨트를 노리는 도전자라고 전제하지 않는다. 대신 인공지능이 인간 대신 생각을 해줄 정도로 지적 나태가 팽배한 시대를 배경으로, 인간의 고유한 특성과 경험의 가치를 찾는 데 주목한다. '윤현'은 자기 손을 움직여 생활하고 자기 눈으로 책을 읽는 행동이 어떤 의미가 있는지 아는 인물이다. 그녀의 깨달음은 기계가 이해할 언어로 번역하기에는 지나치게 원초적인, 인간 본연의 경험이다.

죽음은 삶을 완결하는 순간이므로, 언어를 획득하는 것

이 자기 자신으로 살아가기 위한 첫 단계라면 그 마지막 단계는 죽음의 형태를 선택하는 것이다. 프랑켄슈타인 박사의 괴물이 자신의 끝을 선언한 방법처럼, 원치 않게 내던져진 삶에서도 우리는 원하는 때에 원하는 방법으로 죽기를 선택함으로써 주체성을 탈취할 수 있다. 물론 자발적인 죽음은 무력감과 체념으로 얼룩지곤 하지만, 이는 한편으로는 타인의 뜻대로 죽지는 않겠다, 죽는 순간까지 원하는 대로 살겠다는 의지의 발현이기도 하다. SF는 사고실험을 핵심으로 하는 장르답게 일상적인 범위를 넘어서는 형태의 죽음을 제시하며 우리가 삶과 죽음을 대하는 태도를 시험한다.

권민정의 〈치킨과 맥주〉에서 '우영'은 집 앞 골목길에서 영문 모를 이유로 죽음을 반복한다. 근처 치킨집으로 치킨을 가지러 나왔을 뿐인데, 잠깐이면 끝날 일인데, 골목길은 남자들의 성희롱과 위협, 여성 대상 대출 광고로 뒤덮여 있어 도무지 빠져나갈 수가 없다. 젊은 여자인 우영은 세상에서 육체적으로나 경제적으로나 치킨만큼 취약하고 먹음직스러운 대상이다. 그러나 그녀는 반복된 죽음 끝에 무엇을 먹고 무엇에게 먹힐지를 새롭게 결정한다. 그렇게 우영은 치킨과 자신과 남자들로 구성된 먹이사슬 피라미드에서 자기 위치를 재정립한다. 그토록 먹고 싶었던 치킨이 더 이상 먹고 싶지 않게 되지만, 대신 그녀는 다른 것을 먹을 것이다.

　남유하의 〈국립존엄보장센터〉는 여성에게는 조국이 없다는 버지니아 울프의 말이 그대로 적용될 단편이다. 살아 있지만 생존세를 내지 못하는 가난한 노인인 '나'는 자발적으로 죽음을 택해야 할 형편이다. 국가의 이름으로 존엄사를 보장한다는 국립존엄보장센터는 과연 홍보만큼 사려 깊은 공간이 맞는지 아리송하다. 센터에서 만난 909호 노인은 이곳에 거대한 거짓말이 숨어 있다고 경고하고, 자기 이름을 기억해 달라고 부탁하기 위해 나에게 거짓말을 한다. 그에게는 숭고한 일이었을지 몰라도 여성 노인인 나는 그런 관점을 공유하지 않는다. 국가든 남자든 그녀를 속이고 이용하기는 마찬가지다. 명화의 싸구려 모작이나 텅텅 빈 콘서트홀 따위로 꾸며진 센터에서는 죽음만이 진실된 것처럼 보인다. 사실은 죽음조차, 생존세를 납부하지 않으면 살아갈 자격이 없다는 명제부터가 국가의 거짓말이다. 그러나 '나'가 주위의 암묵적 강제보다 한발 앞서 스스로 죽는 때와 죽는 방식을 선택한 것만은 사실이다. 이야기를 지배하는 무력감에도 불구하고 곧장 죽음으로 향하는 '나'의 모습은 후련하기까지 하다. 꼴 보기 싫은 사람에게 질색하고 속임수에 염증을 내며, 마지막 순간만은 아무에게도 휘둘리지 않겠다는 의지를 보이기 때문이다.

반대로 전삼혜의 〈궤도의 끝에서〉는 거짓말을 하는 쪽의 이야기다. 그리고 '리우'가 택하는 죽음은 온통 타인으로 채워진다. 어른들의 전쟁 무기 때문에 불구가 된 리우와 슈는 살기 위해 서로 의지하다가, 상대가 살아남도록 서로를 밀어내고 밀어 올린다. 슈는 죽었지만 슈가 살린 리우는 남았으므로, 리우는 남은 시간을 어떻게 쓸지 선택할 수 있다. 앞서 〈국립 존엄보장센터〉와는 달리 리우는 자기 자신보다는 슈를 생각하고, 자기와 슈처럼 지키고 싶은 사람이나 적어도 같이 죽고 싶은 사람이 남아 있는 다른 이들을 떠올린다. 그래서 별의 궤도처럼 느리지만 분명하게 예정된 죽음을 자기 몫으로 받아들인다.

　　해방은 구속, 차별, 종속, 의존, 억압에서 자유로워지는 것이다. 격차를 없애고 인식을 변화시키고 자기결정권을 획득하는 것이다. 우리 사회에서 그래왔듯 SF에 등장하는 다른 세상에서도, 해방을 추구하는 이들은 절망하거나 포기하지 않고 끈질긴 체력 싸움을 한다. 자유든 평등이든 인간다운 삶이든 목적을 향해 나아가는 한 이들이 겪는 억압은 해방을 향한 전제 조건에 불과하다.

　　박애진의 〈토요일〉과 이서영의 〈바리케이드와 개구멍〉은 무력감에 빠지지 않는다는 점에서 유사하다. 〈토요일〉의 '나'

김세경은 반복되는 시간에 꼼짝없이 갇힌 처지다. 동시에 시간이 범람하지 않도록 스스로 마개가 되어 농성을 벌이는 중이다. 그녀가 움직일 수 있는 범위는 아주 좁고, 시간은 무정하게 늘 같은 날로 되돌아간다. 그러나 세경을 만나러 방문하는 남자가 있기에 매일이 무의미하지는 않다. 그는 늘 다른 사람으로 나타나지만, 어떻게 끓여도 라면은 라면이듯 어떤 모습이라도 그는 '나'의 아버지다. 한결같은 아버지의 모습은 바깥세상에 그녀를 도우려는 사람이 있다는 점을 상기시킨다. 나는 하루를 그저 반복하는 것이 아니라, 반복을 견디는 싸움을 하고 있는 것이다. 〈바리케이드와 개구멍〉은 우주선을 벗어나지 못하는 사람들, 그중에서도 기관실에 갇혀 살다시피 일하는 사람들이 주인공이다. 기관사들은 근로조건 개선을 요구하며 파업에 돌입한다. 우주 시대가 되어도 노동운동은 여전히 지난하다. 화장실 가기도 여의치 않은 24시간 2교대 근무와 적은 월급, 안전을 책임지는 사람들이 정작 안전장치 없이 일하는 모순, 산업재해는 무작정 인정 못 해준다는 윗선, 저만 힘드냐고 비난하는 사회의 시선, 그리고 경찰의 무자비한 진압 등. 나아졌다 싶으면 퇴보하고, 세상이 변하나 싶으면 똑같은 문제가 또 터진다. 노동운동 틈바구니의 성희롱도 마찬가지로 여전하다. 그러나 위원장 석원도 사무국장 리

엔도 결코 파업이 무의미하다고는 생각하지 않는다. 그들의 파업이 이겼으리라 보기는 어렵지만, 그래도 여기에는 뭐라도 시도해본 동지들이 공유하는 신뢰가 있다.

김지현의 〈로드킬〉과 박소현의 〈기사증후군〉은 여성 차별, 곧 여성해방을 이야기한다. 〈로드킬〉에서 소녀들은 인간 여자는 너무나 연약해서 보호가 필요한 멸종위기생물이 되었다고 배운다. 그래서 정부가 운영하는 보호소에서 양육되는 거라고, 무사히 성인이 되면 그녀들을 지켜줄 남자와 결혼하게 된다고 말이다. 바깥의 여자들은 보호가 필요 없고 아이를 낳지 않아도 되는 몸으로 진화했다. 보호소에 있는 소녀들만 지금 우리 시대의 여성들처럼 아이를 낳을 수 있는 몸이며, 그래서 정부의 관리하에 아이를 낳아야 하는 몸으로 길러진다. 시설의 아저씨들은 소녀들이 원시적이라고 자주 경멸을 담아 말하는데, 이는 드물게 맞는 말이다. 10대 소녀는 정말로 원시적인 야생동물처럼 아주 통제하기 어려운 존재이기 때문이다. 〈기사증후군〉은 〈로드킬〉과 같이 여자를 격리하고 수용하는 사회의 이야기다. 다만 〈기사증후군〉은 대놓고 픽션보다 더한 현실을 재료로 삼는다. 이 단편에서 SF다운 과장이라곤 남자들이 기가 죽으면 정말로 사망한다는 점뿐이다. 순식간에 여자들은 말 한마디로 남자 기를 콱 죽이는, 그래서 불쌍하고 섬세한 남자들을 급성 심장마비로 죽게 만드는 위험인물로 취급된다. 은서와 현서가 편지를 주고받으며 늘어놓는 푸념과 넋두리에는 21세기 한국의 편린이 우스꽝스러울 정도로 적나라하게 드러난다.

여기 수록된 단편 10편은 모두 여성 작가의 작품이지만, 실제 여자들이 그렇듯 여성이라는 자의식이 균일하게 드러나지는 않는다. 예를 들어 〈데뷔〉의 말러 로봇은 성별이 아예 없으며 그들에게 젠더는 전혀 중요한 문제가 아니다. 반면 〈로드킬〉은 전적으로 소녀들에게만 성립하는 이야기이며 유구한 여성 억압의 역사와 맥을 같이한다. 〈치킨과 맥주〉는 여자이기 때문에 부닥치는 문제와 싸우지만 〈바이센테니얼 비블리오필〉은 인간이기 때문에 혹은 인간이라면 누구나 해야 할 고민을 마주한다. 그러나 이 책의 모든 수록작이 등장인물의 성별과 성 역할 수행을 주의 깊게 고려했다는 점만은 확실하다. 그러니 이 책을 읽을 때는 이야기를 즐기는 동시에, 성별이 명시되지 않은 등장인물을 자신이 어떻게 상상하며 읽었는지 검토하는 과정을 갖길 권한다. 어쩌면 자기도 몰랐던 편견을 자각하는 계기가 될지도 모른다.

미 연방대법관 루스 베이더 긴즈버그는 연방대법관 중 여성이 몇 명이어야 적당하겠냐는 질문에 9명 전원이라고 답했다. 전원이 남성이었을 때는 아무도 이상하게 여기지 않았다고, 전원이 여성이어서 안 될 이유가 없다는 뜻이었다. 남성 대법관에게는 하지 않던 질문을 여성인 자신에게 묻는 속내를 은연중에 꼬집는 대답이기도 했다. 작가에게도 같은 기준을 적용한다면, 〈여성작가 SF 단편모음집〉은 여성이 몇 명이어야 하는지 보여주는 가장 적당한 책이라 하겠다. 여성의 글쓰기에 대한 훌륭한 반례 목록이 더욱 길어지기를, 그리고 더 이상 반례가 필요치 않을 때가 곧 오기를 바란다.

'문인' 지하련

지하련池河蓮은 1940년대 일제 말기에서 해방 직전까지 작품을 발표한 한국 여성 문인이다. 짧은 활동 기간과 적은 작품 수에도 불구하고, 워낙 문예 창작이 어려웠던 시기에 탁월한 글을 써서 이름이 남았다. 지하련의 대표작 〈도정〉(1946)은 뛰어난 완성도와 당대 지식인을 묘사한 작품 중 유일하게 양심의 가책을 다뤘다는 점에서 높은 평가를 받았다. 특히 지하련의 소설은 여성주의 측면에서 더욱 의미가 깊다. 그녀의 글에서는 자유연애와 '신여성'이라는 개념이 새로이 전파된 근대 조선에서 실제 여성들이 겪었던 혼란과 내적 투쟁이 여실히 드러나기 때문이다. 지하련은 결혼 제도를 둘러싼 허위의식과 그 붕괴, 새로운 자아를 향해 꿈틀거리는 여성들의 내적 욕구와 갈망, 이를 절망적으로 감내하거나 암시적으로 갈무리해야만 했던 시대상 등을 단편 안에 담았다.

한편 지하련은 임화의 부인으로 더욱 유명하다. 아내의 이름은 종종 남편에게 부수되는 것처럼 취급되기 때문에, 지하련 역시 임화의 유명세로 덩달아 이름을 알린 것처럼 보일지도 모른다. 반대로 유명한 남편 때문에 지하련이 제 평가를 못 받았다는 해석도 가능하다. 하지만 그렇다 하더라도 지하련을 마냥 수동적으로 희생한 아내로 보기는 어렵다. 집안의 강경한 반대를 무릅쓰고 배우자를 택하고, 그에게 인생을 걸었던 인물이기 때문이다. 지하련은 도쿄 유학 생활을 한 신여성으로, 남편과 함께 월북한 사회주의자로, 여성을 관찰하고 여성에 대해 쓴 여성 예술가로서 복합적인 의미를 지닌다. 따라서 지하련의 인생을 살펴보는 것은 지난 격동의 세기에 삶을 마친 뛰어난 여성을 다시금 알리는 일일 뿐만 아니라, 한국문학사가 상대적으로 소홀했던 여성소설의 여백을 재발견하는 일이다.

파시즘과 해방: 시대적 배경

지하련의 작품 수가 적은 이유는 그녀가 늦게 등단한 데다 오로지 한국어로만 작품을 발표하길 고집했기 때문이다. 지하련이 등단한 1940년대는 익히 알려졌다시피 식민 통치가 가장 엄혹하던 시절이었다. 조선총독부는 1941년 조선사상범 예방 구금령을 내려 '사상범'으로 지목된 사람을 강제 수용했다. 그리고 창씨개명을 강요하고 노동력을 강제로 징용하며 집단 학살을 자행했다. 그해 12월에는 태평양전쟁이 발발했고, 전쟁으로 인해 1944년에는 수많은 이들이 군인으로 강제 징집되고 정신대 근무령을 받았다.

국내 문학계도 암흑기였다. 1939년에 일제의 명으로 만들어진 조선문인협회의 취지는 문인들이 군국주의 정책에 이바지하도록 만드는 것이었다. 수두룩한 잡지가 폐간되어 글을 발표할 곳이 마땅찮아졌고, 이름 있는 문인들이 전쟁을 찬양하는 글을 썼다. 당시 평론가들은 신인들의 소설이 내용보다 기교 중심으로 발전했다고 평했다. 현실을 정면으로 마주하기보다 추상적으로 침잠하며 암시와 은유 위주로 흘러갔기 때문이다.

지하련의 소설에서도 과거가 없어 정체가 불분명한 지식인들이 조소, 방관, 윤리적 결벽증을 내보인다. 그러나 지하련의 〈도정〉은 유일하게 당대 지식인의 양심의 문제를 다뤘다는 평을 받는다. 소설의 화자는 옥살이를 했을 정도로 충실한 활동을 했음에도 불구하고 자신을 '소小부르주아'라고 결론짓는다. 지하련 작품집 〈도정〉에 신간 평을 쓴 정태용은 화자가 이러한 결론에 이르기까지 심리적으로 동요하는 과정의 묘사가 극히 정확하며 지하련이 아니면 할 수 없는 일이라고 평했다. 하지만 지하련의 냉정한 관찰력은 식민지 지식인의 무력한 고뇌를 꿰뚫는 데 그치지 않는다. 그녀의 작품에는 남성의 허위의식을 간파하는 여성의 시선이 공존한다. 지하련이 발표한 단편소설 6편 중 3편은 당시 '아내'로 살아야 했던 여성들을 조망한다. 그럼에도 지식인의 초상만이 문학사적으로 가치 있는 주제라는 양 바라보는 것은 식상한 일이다.

아내의 서사

지하련이 그린 여성들의 초상을 이해하기 위해서는 당시 남녀 관계의 양상을 알 필요가 있다. '연애'는 국내에서는 1920년대에 만들어진 개념이다. 1910년대 일본 메이지 문학의 '고상하고 신성한 연애'가 유입되고, 자유연애를 칭송하는 20세기 초 연애 담론에 영향을 받았다는 것이 통설이다. 시인 노자영이 엮어 1923년 출간해 폭발적인 인기를 얻은 연애 서간집 〈사랑의 불꽃〉은 사회와 가족이 맺어주는 중매결혼에 맞서 자신의 영혼과 마음에 충실하겠다는 내용을 포함하고 있다. 여성의 자유연애는 여성 자신이 근대인이라고 자각하고 구시대적 관습에서 해방되는 것을 의미했다. 신여성 문인들은 마음으로 교류하는 평등한 관계를 공개적으로 추구했다. 나혜석의 일생은 물론이고, 잡지 〈신여성〉의 편집자였던 김원주는 "정조는 사랑이 있을 때만 존재하는 것"이라며 평생 지키는 게 아니라고 선언하는 글을 발표했다. 경성에는 분명 뾰족구두를 신고 모피를 두르고 아이스커피를 마시는 여성들이 존재했으며, 이러한 문화적 변화는 정치 및 사회 변화와도 궤를 같이 했다.

신여성과 교육, 자유연애의 조합은 구여성 및 중매결혼과 대척점에 서는 것처럼 보인다. 배명훈의 소설 〈고고심령학자〉(2017)는 근대 조선에 있었던 일본 여성 인물을 묘사하며 이런 말을 한다. "신식 교육을 받은 구식 여자가 되거나, 신식 교육을 받은 못돼먹은 여자가 될 수 있을 따름이었다." 신여성과 구여성 같은 이분법은, 성녀와 창녀, '개념녀'와 '된장녀'라는 비교에서 보이듯 실제로 여성 집단을 둘로 나눈다기보다는 여성에게 부과되는 이중의 역할을 대비한 것에 불과했다. 오히려 신여성과 구여성의 모습을 조합한 이상적인 '양처良妻'와 같은 개념이 등장하며 여성에게 이중의 족쇄를 씌웠다. 여성과 똑같이 근대적 개념을 받아들인, 구습에서의 해방을 추구하는 남성 지식인들의 태도도 마찬가지였다. 아동을 존중하여 어린이라 부르자던 방정환은 은파리라는 필명으로

통속소설을 연재하며 신여성의 '괘씸함'을 탓했다. 여성 작가 김명순의 독신주의는 처녀가 문란한 생활을 한다는 비난을 받았다. 더군다나 연애 개념은 남성의 외도를 합리화하는 핑계로 작용하기도 했다. 도시로 상경한 여러 남성 지식인이 고향에 본처를 두고 신식 여성을 첩으로 맞이했다.

지하련의 소설은 연애를 다루지만, 연애 감정에서는 한 발 물러나 결혼 제도라는 틀에서 비어져 나오며 불협화음을 내는 여성에게 주목한다. 지하련 전집을 엮은 서정자 교수는 지하련의 소설을 "아내의 서사"라고 말한다. 〈양〉(1942)에서, 여학교를 나왔음에도 신여성 차림을 하지 않고 지내는 정인은 작중 성재가 아니라 양품점 청년과 결혼하겠다는 이유로 "하천한 사람이라는 것, 그래서 안심할 수 있다는 것"을 꼽는다. '연애' 담론이 찬양하는 열린 교류나 평등한 관계는 없다. 지하련의 데뷔작 〈결별〉(1940)의 형예는 남편이 잠든 곁에서 벌레 소리를 들으며 자신이 "완전히 혼자라는 것"을 깨닫는다. 친구 정히네 부부가 늦게 결혼했어도 연애 관계로 맺어진 것과 달리 형예의 남편은 형예를 아내 역할을 할 사람으로 볼 뿐이기 때문이다. 〈가을〉(1941)은 반대로 아내의 친구에게 연모를 받는 남편 입장에서, 〈산길〉(1942)은 자신의 친구와 남편이 연애 관계에 빠진 것을 지켜보는 아내 입장에서 이야기를 전개한다. 그리고 여기에는 여성이 보는 여성의 모습이 있다. 행실이 어떠니 살림이 어떠니 하는 남편 입장의 평가가 아니라, 날카로운 농담을 하며 까르르 웃는 새댁들이나 결혼보다 연애를 말하며 곧고 정한 태도를 유지하는 여자 친구의 모습을 볼 수 있는 것이다.

시대를 압도하는 절망에도 불구하고 가부장제 아래 결혼 제도로 인한 신산함은 폄하될 것이 아니다. 오히려 엄혹한 시기였기에 '아내' 된 여성의 내적 갈등은 한층 복합적인 양상으로 존재했다. 그리고 한국 근대문학사는 이 모두를 중요치 않은 일로 폄하해온 감이 없지 않다. 국어 교과서에서 여성소설을 보기 힘든 이유가 정말로 여성 문인이 드물었기 때문일까. 여성의 문제가 중요하지 않다고 여겨졌던 만큼, 우리 세상에 존재했으나 알려지지 않았던 여성들에게 귀 기울여볼 필요가 있다.

지하련의 삶

지하련은 필명이고 본명은 이현욱으로, 1912년 경남 거창에서 태어나 마산에서 성장했다. 자세히 알려진 바는 없으나 그녀는 부유한 대지주 집안에서 자라 당대 여성으로는 드물게 근방의 학교가 아니라 일본 도쿄에서 학업을 마쳤다. 오빠들이 사회주의에 관심이 많았다고 하며, 지하련도 일찌감치 사회주의를 접한 것으로 보인다. 임화가 마산에서 요양 중일 때 만나서 1936년에 그와 결혼했다. 아이 딸린 이혼남과 결혼하겠다는 말에 큰오빠에게 뺨을 맞았지만, 혼인신고 4일 만에 아들을 낳았다. 1940년 〈문장〉에 단편 〈결별〉을 발표하며 등단했다. 임화가 동지 박헌영을 따라서 월북을 결심하자 1947년 고향도 가족도 버리고 임화를 따라 월북했다.

월북한 예술가들의 흔적은 남과 북 양쪽에서 말소됐다. 임화는 그나마 공식적으로 발표한 글 등 비교적 기록이 있지만 지하련의 삶은 그녀가 발표한 작품 일부와 다른 여성 문인들의 기록에 단편적으로 남아 있을 뿐이다. 한국전쟁 중에는 만주에 머물러 있었고, 그래서 북에 남았던 임화가 박헌영 계열의 몰락과 함께 김일성 계열에 간첩 혐의로 처형된 것을 나중에야 알았다. 지하련은 임화의 사망을 알고 실성하여 헤매 다니다 평안북도 희천의 교화 시설에 수용당했다가 병사했다고 추정된다.

인내하는 사람의 결실
〈야생종〉

1980, 옥타비아 버틀러

〈와일드 시드〉 ⓒ비채

    〈야생종〉(2019년 〈와일드 시드〉라는 제목으로 재출간됐다)에는 절
대로 죽지 않는 인물이 둘 나온다. '도로'는 옆에 있는 사람의

몸에 옮겨붙을 수 있다. 그는 몸이 죽거나 소진되면 자연히 가장 가까운 사람으로 옮겨 가 그 육체를 입는다. 도로는 살기 위해서가 아니라 상대방을 살해하기 위해서도 이런 방법을 쓴다. 살인은 그에게 쾌감을 주는데, 특별한 능력을 지닌 사람의 몸일수록 큰 쾌감을 주고 도로의 정신을 더 오래 버텨낸다. '안얀우'는 자기 신체를 원하는 대로 다룰 수 있다. 그녀는 동물로 변신하거나, 몸집을 불리거나, 몸 안에서 면역체계를 만들어내는 일이 가능하다. 안얀우는 처음 능력이 발휘된 스무 살 그대로의 젊은 '본모습'을 갖고 있지만, 마녀가 아닌 무녀로 보이기 위해 세월에 따라 늙고 쪼그라든 모습을 취한다. 아프리카 부족사회에서 마녀로 사냥당하지 않으려면 안전한 존재로 보일 필요가 있기 때문이다. 그럼에도 그녀를 공격하거나 억압하는 사람이 있으므로 살아남기 위해서는 위치를 바꿔야 한다. 너무 하찮지 않게, 그러면서 너무 공포스럽지 않게. 도로는 17세기에 대륙을 돌아다니다 아프리카에 살던 안얀우를 만나고, 그녀를 신대륙에 있는 도로의 마을로 데려간다. 〈야생종〉은 "한 남자와 한 여자의 드라마"라는 홍보 문구답게 긴 지면에 걸쳐 두 사람의 이야기를 한다. 물론 둘 다 성별에 상관없이 몸을 취할 수 있지만, 그럼에도 남성성과 여성성은 두 인물에게 중요한 관련이 있다.

도로는 집안을 지배하는 아버지와 같은 인물이다. 도로의 '씨앗 마을'이란 그가 특이한 사람들을 모아 능력자를 길러내는 곳이다. 그는 농부가 그러듯 가망 있는 종자를 주의 깊게 교배한다. 좋은 종자는 씨를 뿌려 자손을 거두고 쓸모없는 자는 솎아낸다. 마을 밖에서 데려온 종자는 '야생종'이다. 야생종들은 대개 마을에 오래 살아남지 못하지만, 품종 개량에 큰 도움을 준다. 성공적인 교배가 이루어지면 안정적이고 강력한 능력을 지닌 사람이 태어난다. 물체를 움직이거나, 사람의 마음을 읽거나, 변신하거나 하는 등이다. 마을은 도로에게 육체 후보, 위안, 자손, 희망을 제공한다. 그들은 최고의 식량 혹은 최적의 동반자다. 마을에서 도망치는 자는 어김없이 도로에게 죽고, 남아 있는 자들은 도로를 사랑한다. 도로는 그들의 신이고, 그는 오랜 세월 동안 신 노릇을 하는 데 익숙해졌다.

　　남들과는 다른, 특별한 힘은 가치관을 마비시킨다. 도로는 너무 오래 살아 돌이 되어버린 동물처럼 무감정하다. 그가 사람을 어떻게 대하는지 알면서도 도로의 마을 사람들은 도로를 따른다. 그들은 도로를 두려워하는 대신 안심하고 받아들인다. 그는 강하니까, 특별한 사람들 사이에서도 압도적으로 강하니까, 그에게 몸을 위탁하면 안전할 수 있으니까 말이다. 도로는 양을 기르는 늑대처럼, 딸을 가둬두는 아버지처럼 사람을 기른다.

"딸은 오랜 세월 동안의 자유로운 삶으로 고집이 세진 야생종이 아니었다. 딸은 잉태된 그 순간부터 도로의 것, 소유물이었다. 살갗에 낙인이 새겨진 것과 마찬가지였다. 아이는 스스로 자신을 도로의 소유물로 여긴다. 도로의 자식들은, 어리거나 늙거나, 남자거나 여자거나, 대부분 소유권의 문제를 아주 단순하게, 도로에게 속하는 것으로 생각했다. 도로의 권위를 받아들이고 도로의 승인을 필요로 하는 듯했다. 남다른 사람들은 누군가에게 속해 있는 게 당연하다는 것처럼."

반대로, 여자, 안얀우는 치유자다. 그녀는 자기 몸을 지키는 데 능하고, 다른 사람을 돌보고 기르는 일에는 더욱 능하다. 흑인이고 여자라는 이유로 그녀를 깔보는 사람조차 아프면 그녀에게 몸을 맡긴다. 예를 들면 이런 부분이 있다. "능력이 나타나기 위해 거치게 되는 고통스러운 이행기 과정 동안 사람들은 안얀우를 필요로 한다. 힘세고 다치지 않고 사려 깊은. 사람들은 이행기 동안 안얀우가 자신을 얼마나 세심하게 돌봐줬는지 알고 놀라게 된다." 그녀는 힘 있는 사람들조차 온전히 돌볼 수 있을 정도로 강하고, 그녀를 업신여기는 이들마저 돌볼 정도로 충실하다.

그렇기 때문에 그녀가 길들 때는 문제가 발생한다. 안얀우는 야생종이다. 그녀는 자유로운 상태가 무엇인지 알고 있고, 헌신적인 아내일 때조차 자유를 포기한 적이 한 번도 없다. 무엇보다 그녀는 도로에게 맞서면서 살아갈 수 있을 만큼 강력하다. 그러나 사람을 소비재로 다루는 도로와는 달리 안얀우는 아이들(그녀의 아이든, 좀 더 먼 아이든)을 지키고자 한다. 그녀가 사랑하는 사람들은 도로에게 순종하기를 권한다.

> "도로는 이미 동물이었다. 그러다 보니 복종의 습관이
> 붙었다. 아이작과 아이들에 대한 사랑 때문에, 그리고
> 죽음에 대한 두려움 때문에, 특히 도로가 행하는 방식의
> 살해를 당하지 않기 위해 안얀우는 항복하고 또 항복했다.
> 습관은 깨뜨리기 어렵다. 살고자 하는 습관, 두려움의
> 습관…… 사랑의 습관도."

길드는 것은 습관이다. 〈어린 왕자〉의 여우는 그런 상태를 "네가 4시에 온다면 나는 3시부터 행복해지기 시작할 거야"라고 표현했다. 길드는 것은 친밀함, 익숙함, 로맨스에 몸을

맡기는 것과 비슷하다. 도로의 사람이 되면 그 품 안에서 보호받을 수 있다. 언제 몸을 내놓아야 할지 모르는 상태가 되겠지만. 인간 사회에서 괴물이라고 불리는 대신 능력을 인정받고, 특이함에 상관없이 공동체에서 살아갈 수 있고, 추종할 대상이 덤으로 주어진다. 사랑하기 때문에 내어준다는 말대로, 도로의 사람들은 도로에게 길든 결과로 기꺼이 그를 사랑한다. 그리고 자발적으로 몸을 바친다.

사람들은 (사랑하는) 도로가 자유를 보장한다고 하지만, 안양우는 그가 사람들을 노예로 만들고 있다고 말한다. 그녀에게 있어서, 도로가 사람을 씨앗으로만 다루고, 그래서 사람들이 사람으로서의 책임을 갖지 못하게 되는 건 마땅히 부끄러워해야 할 일이다. 마치 가축처럼 애를 충분히 낳으면 갈아치우는 행동을 그녀는 경멸한다. 그녀는 노예 상태에 만족하는 흑인 동포들을 보았다. 교배용으로만 자식을 낳았기 때문에 아버지다운 행동은커녕 책임감조차 갖지 못하는 자들을 보았다.

안양우가 만들어낸 새로운 공동체는 도로의 것과는 다르다. 그녀는 사람을 대등한 구성원으로 대우한다. 사람들은 머무르고 싶으면 머물 수 있고, 대신에 일을 돕는다. 여기에는 자발적인 선택의 여부가 포함되며 그에 따르는 책임이 있다.

주인에게 복종하는 것과 대표자를 존경하는 것은 다르다. 똑같이 사회를 이루더라도 이들은 종자나 노예로서 일원이 되는 것이 아니다. 그것이 안얀우가 아이들을 기르는 방법이다.

　사람은 사람으로 대해주는 사람이 있어야 사람이 된다. 도로에게도 마찬가지다. 안얀우의 시선이 도로를 변화시킨다. 도로가 애처롭게 털어놓듯 그의 세상에는 굶주림과 먹이만이 남아 있었다. 그가 죽일 수 없었던 사람은 안얀우가 처음이었다. 성인이 되어 더 이상 아버지가 세운 질서에 따르지 않는 딸처럼, 그녀는 도로의 질서와 별개의 존재다. 불사이고, 야생종이기에, 오랜 세월이 걸려서라도 힘을 피력할 수 있다. 그리고 그녀는 그를 사람으로 대한다. 잘못된 행동은 부끄러워하길, 약속에 책임을 지길, 다른 사람들을 사람으로 대하기를 기대한다. 애초에 기대가 없었다면 실망하고 분노할 일도 없다. 소설 내내 둘은 만남과 회피를 반복하는데, 연인과 적이 혼재된 그 관계는 매우 매력적이다.

　이렇게 볼 때 〈야생종〉은 능력을 가진 인간이 변화하고 적응하는 모습을 다루는 작품이다. 그런 점에서 올라프 스테이플던의 〈이상한 존〉 등 초인을 묘사한 작품과 유사하다. 특히 특출난 사람들이 살아가는 모습, 그들만의 사회를 건설하는 모습을 그리는 점이 그렇다. 그러나 〈야생종〉은 중심인물이 둘로 나뉘면서 필연적으로 대립과 충돌을 내포하고, 타인과의 관계에 무게가 부여된다. 도로가 혼자였다면 그는 끝내 이해 불가능한 존재로 남았을 것이다. 허나 오랜 적은 좋은 이해자이기 마련이며, 주인공들은 혼자가 아니라 둘이기에 고립되지 않고 유별나지 않다. 따라서 훨씬 더 매력적이다.

역사적인 맥락과 연결해봐도 흥미롭다. 〈야생종〉이 포함된 '도안가Patternist' 시리즈의 역사는 우리가 아는 우리의 세계사와 궤를 같이한다. 여기서는 1690년부터 1840년까지 150년의 역사다. 안양우가 도로에 의해 아프리카를 떠날 때는 한창 노예 상인들이 원주민을 납치해 장사를 하던 시기였다. 흑인인 안양우가 유럽의 마을에서 살아가는 과정도 당시 문화의 변화와 떼놓을 수 없다. 당연히 〈야생종〉의 이야기는 노예제 및 인종차별 문제와 겹친다. 저자인 옥타비아 버틀러가 흑인 여성 SF 작가라는 점을 감안하면 이를 인권운동이나 페미니즘의 시선으로 재조명하는 것도 충분히 가능하다. 어디까지 파고들어갈지는 읽는 사람의 자유다. 다만 〈야생종〉은 독자가 이런 주제에 대해 흔히 떠올리듯 비참하고 억울한 이야기는 아니다. 안양우는 분명 약자의 입장이지만 비참해지기에는 정신적으로나 육체적으로나 매우 강하다.

불사의 존재가 불사하기 위해서는 강인해야 한다. 능력

을 버거워하는 사람들은 무너진다. 죽지 않는 사람은 계속해서 격변과 맞닥뜨려야 한다. 좋은 아이들은 숨을 거두고, 기껏 만든 마을은 파괴되고, 사람들은 "이쪽에서 갑자기, 저쪽에서 갑자기" 사라져버린다. 불사에 수반되는 외로움을 견디기 위해 도로는 그를 숭배하며 애정을 바치는 사람들을 만들었고, 안얀우는 가족을 모았다. 우월한 위치에 있으면서 타인을 자기 삶에 받아들이기는 쉽지 않다. 안얀우는 그 강인함으로 살아남는다. "때로는 노예가 되지 않기 위해서 주인이 되어야" 한다. 한 야생종이 '노예-여자-흑인'의 구조를 누르고 어떻게 자기 자리를 확보하는지, 그에 대한 답이다. 저자를 생각하면, 백인 일색의 미국 SF계에서 흑인 여자라는 이중의 차별을 누르고 이름을 남긴 옥타비아 버틀러를 생각하면 더 의미심장하다.

〈야생종〉은 5부작 시리즈 중 4번째 작품이다. 먼 미래를 다루는 전작들과 달리 유일하게 과거의 시대를 다루는 앞쪽의 이야기다. 이미 정해진 역사의 앞에 끼어들어야 한다는 핸디캡을 안고 나온 후속작임에도 제일 널리 알려진 작품이기도 하다. 〈야생종〉에서 심긴 씨앗이 다른 곳에서는 어떻게 피어나는지, 다른 작품들도 번역이 되기를 기대해본다.

다른 시대, 다른 세상의 여자들
: 여성주의와 장르소설

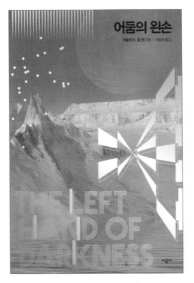

〈어둠의 왼손〉(1969, 어슐러 K. 르 귄)

〈어둠의 왼손〉 ©시공사

　　르 귄은 "SF 작가 중 노벨상을 받는다면 그 1순위는 르 귄"이라는 평을 받았던 작가다. 인류학자와 동화작가의 자녀로 태어나 역사학자와 결혼했고, 데뷔한 1960년대부터 2018년에 사망하기까지 SF와 판타지에 걸쳐 다양한 형태의 '사람' 이야기를 만들었다. 〈라비니아〉는 그녀의 작품군 중 예외적인 책이고, 그보다는 띄엄띄엄 연결된 은하계를 다루는 SF인 '헤인 시리즈'와 이름을 이용한 마법이 중심인 판타지 '어스시 시리즈'가 유명하다. 팔순의 나이에도 불구하고 새로이 만들어낸 시리즈 '서부 해안 연대기'도 국내에 출간되었다. 추천작을 하나만 고르긴 어렵지만, 그래도 가장 유명한 책은 1969년 출간된 〈어둠의 왼손The Left Hand of Darkness〉일 것이다.

〈어둠의 왼손〉은 평소에는 성별이 없고 번식기에 특정 성으로 분화하는 게센인들과 그들 사이에 떨어진 지구인 남자의 이야기다. 언제나 한겨울인 행성에서 혼자만 추위에 시달리는 남자는 주기에 맞춰 변화를 고르는 그들을 불안정하다고 여기고, 그들은 언제나 성별이 하나뿐인 남자를 불완전한 존재로 여긴다. 상대의 성별을 고려하는 일상적인 행동이 그들 앞으로 가면 부자연스러워진다. 르 귄은 당황하는 우리를 오히려 이방인으로 놓고 성 정체성의 뿌리를 차분하게 살핀다. 다른 사람을 이해하는 데 젠더가 얼마나 근본적인 위치를 점하고 있는지, 그리고 우리가 어떻게 이를 넘어설 수 있는지 말이다.

아마존에서 뽑은 '꼭 읽어야 할 SF/판타지 100선'에도 선정된 이 책은 휴고상, 네뷸러상, 제임스 팁트리 주니어상을 수상했다. 제임스 팁트리 주니어상은 젠더 문제를 탐구하거나 이해를 확장한 SF/판타지소설에 수여되는 상이다. 하지만 처음 출간된 당시 많은 페미니스트가 〈어둠의 왼손〉을 읽고 분노했는데, 양성인을 가리키는 대명사가 남성형이었기 때문이다. 르 귄은 이후 이들을 칭하는 모든 명사를 아예 여성형으로 바꾸었다. 이후로도 그런 실수는 하지 않았다.

〈어둠의 왼손〉은 국내에서는 한 번 절판되었다가 2014년 어슐러 K. 르 귄 걸작선 1권으로 재간되었다. 게센인들 이야기는 함께 출간된 단편집 〈세상의 생일〉이나 〈바람의 열두 방향〉 등에도 실려 있다(후속작 격인 〈혁명 전야〉는 〈바람의 열두 방향〉에 실려 있으니 꼭 읽어보시기를). 이 단편집은 초기작을 모았기 때문에 이후 작품들에 비하면 낭만적인 색채가 많이 남아 있지만, 르 귄이 어떤 글을 쓰는지에 대한 길잡이가 된다. 그리고 외로운 사람들을 보듬는 아주 따뜻한 단편 〈파리의 4월〉이 실려 있다.

〈끌림〉(1999, 세라 워터스)

〈끌림〉 ⓒ열린책들

　　세라 워터스는 레즈비언과 게이 역사소설을 주제로 박사 논문을 썼다. 그리고 이 과정을 바탕으로 빅토리아시대의 뜨거운 레즈비언 소설을 써서 작가로 데뷔했다. 〈끌림Affinity〉은 빅토리안 레즈비언 3부작 중 두 번째 권으로, 두 여주인공을 오가며 이야기를 풀어내는 방식을 통해 긴장감을 극대화한다. 한 명은 단조롭고 금욕적인 생활을 하고 있는 중산층 집안의 '미혼녀' 마거릿인데, 아는 사람의 권유로 두 주에 한 번쯤 여성 전용 감옥에 봉사 활동을 가게 된다. 그리고 사기죄로 잡혀 온 젊고 진지한 영매 셀리나를 만난다. 둘은 첫눈에 서로를 기억하고, 스치는 손길에 전류를 느끼고, 창살 너머로 몰래 편지를 주고받는다. 그들의 관계는 지나치게 제한되어 있고 누구에게도 알릴 수 없지만, 그래서 독자를 더욱 숨 가쁘게 빨아들이고 강렬하게 타오른다.

빅토리아시대에 여자는 상속권은 있어도 자기 재산을 소유하거나 처분할 재산권은 없었다. 집안이 부유하면 가정교사를 통해 공부할 수는 있어도 학계에 들어가거나 인정받지는 못했다. 집안에서는 음란하다며 식탁 다리마저 천으로 감싸면서도 골목만 돌면 매춘이 성행하는, 성녀와 창녀 이분법이 극단적으로 작용하던 때였다. 이런 시절에 '노처녀'의 삶이란, 재산도 직업도 개인 생활도 없으며 앞으로도 없을 처지란, 비록 감옥에 있을지라도 야망과 열정을 간직한 하층민 영매보다 더 꼼꼼히 박제된 생활이었다. 마거릿이 자신이 닮았던 아버지를 떠올리는 부분은 어렴풋하게 그녀의 가능성을 가늠할 수 있는 장면이다. 마거릿이 남자였다면 자기 재능을 충실하게 꽃피웠을지도 모르지만 그녀는 남자가 되지 못했기에 좌절과 부적응을 체화한다. 버지니아 울프가 가정했던 '셰익스피어의 여동생'을 기억해보자.

〈끌림〉은 2008년에 영화화되었다. 3부작 중 첫 번째 권인 〈벨벳 두드리기〉와 세 번째 권인 〈핑거스미스〉는 BBC에서 각각 2002년, 2005년에 드라마로 만들어졌다. 박찬욱 감독의 〈아가씨〉(2016)는 〈핑거스미스〉를 영화화한 작품이다.

〈둠즈데이북〉(1992, 코니 윌리스)

〈둠즈데이북 1〉 ⓒ아작

〈둠즈데이북Doomsday Book〉은 코니 윌리스의 다른 책에 비하면 길고 무거운 모험이다. 이 '옥스퍼드 시간여행' 연작에서는 시간여행이 가능해서 역사학과 학생들은 타임머신으로 현장 실습을 간다. 어떤 행동이 역사를 어그러뜨릴지 모르므로 실수로라도 파국을 부르지 않도록 몰래 살피고 몰래 돌아와야 하며, 이를 위해 사전에 목표 시대의 언어를 연습하고 풍습을 배운다. 복장과 소지품도 과거를 재현한 것으로 갖춘다. 14세기 중세 유럽에 떨어지기로 되어 있던 사학과의 모범생 키브린은 자기가 11급 위험지역, 흑사병 시대로 떨어졌다는 걸 알게 된다. 그녀는 착오가 있었으니 조금만 기다리면 대학에서 알아채고 자기를 구하러 오리라 믿지만 기계를 재사용하기까지는 시간이 걸린다. 날이 지날수록 기억상실에 걸린 (거라고 둘러댄) 그녀를 돌봐준 마을 사람들이 하나둘씩 열병으로 쓰러진다.

역사학도는 어디까지나 관찰자여야 한다. 그녀는 사실은 다른 시대 사람이고, 조사자일 뿐이고, 어차피 대다수 혹은 전원이 죽는다는 결말을 알고 있다. 하지만 동시에 그녀는 예방접종을 맞았고, 위생에 관한 지식이 있고, 흑사병으로 인류가 전멸하지 않는다는 걸 아는 사람이기도 하다. 최선이 무엇일지는 홀로 결정해야 한다. 〈둠즈데이북〉을 비롯한 옥스퍼드 시간여행 연작 시리즈의 공통 테마는 과거가 활자화된 기록이 아니라 살아 있는 사람들로 이루어졌다는 점이다. 하지만 아무리 간절히 기원해도 풀썩풀썩 사망하는 사람들 사이에서 개인은 너무나도 무력하다. 대학에서 그녀를 빨리 데려갔다면 오히려 빨리 체념할 수 있었을지도 모른다. 하지만 일이 그렇게 쉽게 돌아가진 않는데, 타임머신이 다시 가동하기 전 현대에도 원인을 알 수 없는 전염병이 대대적으로 창궐하기 때문이다. 둠즈데이북은 영국 윌리엄 1세의 토지조사부 이름이자, 파멸의 날doomsday에 대한 책이다.

코니 윌리스는 작품이 나올 때마다 단골로 수상 후보에 오르내린다. 그녀가 다루는 학자들은 학문을 향한 진지한 태도 때문에 종종 우스꽝스러운 처지에 빠진다. 그 수라장을 함께 겪고 나면 그들의 태도에 동참하게 된다. 과학이든 역사든 이성이든 진지하게 경탄할 가치를 발견하게 되는 것이다. 〈둠즈데이북〉의 시리즈 〈화재감시원〉은 마음 짠한 단편이고 〈개는 말할 것도 없고〉는 수다스럽고 푸근한 로맨스다. 그러나 코니 윌리스가 어떤 작가인지 단정하기 전에 꼭 〈블랙아웃〉과 〈올클리어〉까지 읽어보시라.

〈힐 하우스의 유령〉(1959, 셜리 잭슨)

〈힐 하우스의 유령〉ⓒ엘릭시르

"힐 하우스를 방문했을 때 엘리너 밴스는 서른두
살이었다. 어머니가 돌아가신 뒤라 그녀가 진심으로
미워하는 사람은 세상에서 오직 하나, 언니뿐이었다.
형부와 다섯 살짜리 조카딸도 꼴 보기 싫은 것은
마찬가지였으며 주변에 친구라고는 없었다. 앓아 누운
어머니를 돌보느라 십일 년을 보낸 탓이 컸는데, 덕분에
간호사 노릇은 능숙해졌지만 강한 햇빛을 쬐면 눈을

계속 깜박거리는 신세가 되었다. 어른이 된 후 진심으로 행복을 느낀 순간은 없었다. 어머니를 돌보며 보낸 세월은 작은 죄책감과 자잘한 치욕과 끊임없는 피로와 끝이 없는 절망을 그녀 주위로 굳건히 쌓아 올렸다. 바란 적도 없었건만 조용한 은둔자의 삶을 살며 사랑할 사람 하나 없이 긴 세월을 홀로 보내다 보니, 엘리너는 다른 사람과 평범한 대화를 나눌 때도 괜한 자의식에 머뭇대며 적절한 표현을 떠올리지 못했다."

— 〈힐 하우스의 유령The Haunting of Hill House〉 39~40쪽

셜리 잭슨은 20세기에 자기가 살던 마을에서 마녀라고 불렸다. 그녀가 남편의 부임을 따라 이사한 노스 베닝턴은 터부와 편견이 심한 마을이었다. 그리고 잭슨은 "잔인하리만큼 독자의 불안을 고조시키는 수법이나 암암리에 인간의 악의를 읽어 내리는 가시 돋친 문체"로 탁월한 재능을 보인 작가였다. 유대인이나 흑인과도 교류하고 담배와 약을 남용하며 '소름 끼치는' 글을 쓰는 그녀는 죽을 때까지 마을에 받아들여지지 못했다. 하지만 잭슨은 오히려 인터뷰에서 스스로 자기가 마녀라며 웃기도 하고, 자신을 배척한 마을을 배경으로 〈제비뽑기〉(1948)라는 단편을 쓰기도 했다. 어느 평화로운 오후에

순박한 시골 마을 사람들이 광장에 모여 그날의 연례행사, 제비에 뽑힌 사람을 돌로 쳐 죽이는 일을 마치고 귀가하는 내용이다. 이 작품은 당시에는 너무 잔인하다며 항의가 빗발쳤지만 현재는 교과서에서 빈번히 언급된다.

잭슨이 이름을 남긴 고딕호러 장르는 사람들을 고립시키는 거대한 저택, 그 안에서 길을 잃은 사람들, 초자연적인 요소가 특징이다. 힐 하우스는 방문자들에게 악의를 품었음이 분명한 구조로, 문을 열어두면 저절로 쾅쾅 닫히고 의자에 앉으면 미끄러지며 집 내부는 복잡한 배치와 착시 때문에 길을 잃도록 만들어졌다. 이곳에 머무는 주요 인물인 엘리너의 마음속도 입구는 분명한데 출구는 보이지 않는 미로와 같다. 나이로는 성인이지만 사회적으로는 '착한 아이'에서 벗어나지 못한 그녀는 '어머니-언니-자신'이나 다른 여성 손님인 시어도라와의 관계에서 홀로서기를 하지 못한 채 갈팡질팡한다. 그녀의 머리를 뱅뱅 도는 생각 "나는 정말 멍청해"와 "나는 혼자 할 수 있어"는 힐 하우스라는 극적인 공간에서 소용돌이치고 증폭되며 이야기를 클라이맥스로 이끈다. 셜리 잭슨은 정말이지 탁월한 솜씨로 여성을 파헤친다.

〈제한 보상〉(1982, 새러 패러츠키)

〈제한 보상〉 ⓒ검은숲

"친한 여자 친구들은 여러 명 돼요. 그들이 내 영역을
침범한다고 생각하지 않아요. 하지만 남자들을 상대할
때는 본연의 나를 지키기 위해서 싸우고 있다는 느낌이 들
때가 많아요."

– 〈제한 보상Indemnity Only〉 266쪽

범죄소설에서 전통적으로 여성의 역할은 무력한 피해자

아니면 순진한 미인 비서, 그리고 배신자 팜므 파탈이었다. 철저히 이성에 입각해 추리하는 논리 괴물이든, 타락한 도시의 거리를 걷는 현대의 카우보이든, 여성은 너무 비이성적이거나 연약하거나 변덕스럽기 때문에 감히 탐정의 자리에 가지 못했다. 소설 바깥에 있는 20세기 영미 작가들 세계도 마찬가지였다. 한때 범죄소설을 쓰는 여성 작가들은 필명을 쓰거나 남성 주인공을 내세웠다. 새러 패러츠키가 만들어낸 여탐정 V. I. 워쇼스키는 영미 미스터리 세계에 처음 등장한 여성 주인공은 아니지만, 가장 유명한 여성 탐정으로 손꼽힌다. 그녀는 1982년 출간된 〈제한 보상〉을 시작으로 최근에 이르기까지 19권의 책에서 활약한다.

V. I., 애칭 '빅'은 가난한 경찰 집안에서 "걱정거리가 있다고 낙담하는 건 숙녀들이나 하는 일이야, 우리는 그럴 시간에 일을 해야 돼"라고 배우며 자랐고, 변호사 경력을 거쳐 시카고 한구석에 탐정 사무소를 차린다. 전문 분야는 '달러의 뒤쪽', 즉 권력과 돈과 지위가 얽힌 화이트칼라 범죄다. 그녀가 데뷔하는 〈제한 보상〉에서는 거대 보험사와 거대 노조가 얽히는 보험 사기를 추적한다. 작가인 새러 패러츠키는 정치학, 역사학, 경제학을 전공했고, 소설 곳곳에 당시 실제로 벌어진 사건을 적극적으로 배치함으로써 가공의 범죄 수사로 현실의

문제를 진단한다. 빅이 매력적인 이유도 현실에 존재하는 진짜 여성답다는 점이다. 그녀는 범죄소설에 마련된 여성의 자리에 순응해 미인계를 쓰거나 명예 남성이 되는 방법을 택하지 않는다. 하드보일드 탐정들처럼 홀로 고독을 씹지도 않고 코지 미스터리처럼 시골이나 가정에 속하지도 않는다. 대신 진짜 여성들이 하는 것처럼 연애를 하고 나이가 들고 자기 일을 한다. 빅은 자기 나름의 방식으로, 그리고 여자들이 할 법한 방식으로 전문성을 보여주기 때문에 중요하다. 그런 방식이 이전에는 매우 낯설게 취급됐다는 점도.

빅이 여성과 평등과 공정함을 위해 활약하듯 작가 자신도 활발한 사회 참여를 벌였다. 새러 패러츠키는 여성 범죄소설 작가 단체 SIC Sisters In Crime의 창립을 주도하고, 그 활동의 일환으로 서평에 여성 작가가 잘 다뤄지지 않는 경향과 에드거상 수상자가 남성 작가에 편향되는 현상에 적극적으로 문제를 제기한 바 있다. 그녀는 여성에 대해 말하길 꺼리지 않는다.

〈옆집의 영희 씨〉(2015, 정소연)

〈옆집의 영희 씨〉ⓒ창비

국내에 SF를 쓴다는 자각을 갖고 SF를 지향하는 작가가 워낙 소수였기에, 이름 하나하나를 뿌듯하게 외울 때가 있었다. 국내 SF 역사는 백 년쯤 되지만 매번 흐름을 이루지 못하고 단절되었다. 1980년대에는 〈스포츠서울〉에서 신춘문예 SF 부문을 마련했지만 지속되지 못했다. 1990년대에는 PC 통신에 힘입어 등단 없이도 신인 작가들의 책이 출간됐지만 현재까지 작품을 발표하는 작가는 듀나뿐이다. 2000년대에는 과학기술창작문예 공모전이 열렸지만 3회에 그쳤다. 그러나 다행히 〈환상문학웹진 거울〉처럼 소설 창작 및 게재를 위한 자리나 아시아태평양이론물리센터에서 주관하는 웹진 〈크로스로드〉 등 SF소설을 볼 수 있는 자리가 있었다. 그리고 한국과학소설작가연대 등이 출범했으며, 어린이 및 청소년 SF에 수여하는 한낙원 과학소설상, SF 창작을 위한 폴라리스 워크숍이 만들어졌다. SF를 읽지 않는 사람들은 잘 모르고 SF를 읽는 사람들마저 잘 모르기도 하지만, 다시 장담컨대 국내에도 SF 작가들이 있고 뿌듯해할 만한 작품 목록이 있었다. 정소연은 그 한 줌에 들어가는 이름이다.

단편집 〈옆집의 영희 씨〉에 공통적으로 흐르는 정서는 초연함이다. 등장인물들은 나름대로 선택의 기로에 선다. 우주비행사가 되려고 평생 노력했는데 불의의 사고를 당한 경우, 중요한 시험을 치는 중에 곤경에 빠진 사람을 만났는데 도울 사람이 자기밖에 없는 경우, 자기 일을 완수하기 위해 남의 꿈을 끝내야 하는 경우 등 정답이 없고 피할 수 없는 갈림길이다. 각 인물은 목표에서 멀어지지 않으려고 최선을 다하지만 동시에 그래도 원하던 궤적에서 빗나가기도 한다는 사실을 이해한다. 그 깨달음에 으레 따라붙는 불안, 공포, 회의는 표면에 드러나지 않는다. 대신 그들은 자기 발 디딘 자리에서 가능한 한 최선을 다할 자유를 누린다. 〈옆집의 영희 씨〉에 실린 단편들이 무력감이나 자포자기가 아니라 초연함으로 나아가는 이유다.

정소연은 장애, 청소년, 성 정체성에 관심을 갖고 이런 주제를 다루는 소설을 국내에 번역 소개하는 번역자이기도 하다. 〈옆집의 영희 씨〉에서도 젠더는 빈번히 암시되는 주제다. 이는 등장인물의 성적 지향이 특이하게 취급되지 않는다든가, 여성 화자가 자신이 여성이라는 데 천착하지 않는 방식으로 암시된다. 작가가 차별과 편견에 무지하기 때문에 생략하는 것이 아니다. 오히려 이 책은 '언급 없음', '주목 없음'이 바로 사람들로 하여금 본연의 자신으로 존재하게 하는 최선의 상태라는 사실을 시사한다.

02 마법과 환상과 과학의 교집합

용암과 메스를 갖춘 독설가,
할란 엘리슨

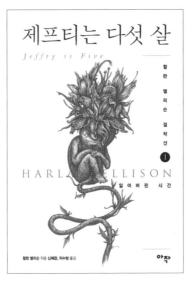

〈제프티는 다섯 살〉ⓒ아작

0. 신이시여, 할란 엘리슨이네

할란 엘리슨의 휘황찬란한 수상 이력에도 불구하고 국내에 작품집이 소개되지 않는 이유는 그의 성질머리 때문에 저작권 계약이 지나치게 까다로운 탓이라는 소문이 있었다. 진위는 알 수 없으나 그런 뜬소문에 신빙성을 더할 만큼 할란 엘리슨은 미국 장르소설가들 사이에서 매우 악명이 높다. 그는 40년 동안 SF, 호러, 판타지 장르에서 유력한 수상 후보로 늘 사람들 입에 오르내리면서도, 사석에서는 종종 "저 빌어먹을 할란", "신이시여, 할란 엘리슨이네", "너 그 말 할란 엘리슨이 못 듣게 해"라는 말이 따라다닌 인물이다. 그가 술집에서 당구를 치다가 프랭크 시나트라와 주먹을 주고받았다든가, 월트 디즈니사에 출근한 첫날에 부적절한 농담으로 해고됐다든가, 자기 글을 폄하한 교수를 때려서 입학한 지 18개월 만에 대학에서 퇴출당했다든가(엘리슨은 이후 40년 동안 자신의 작품이 발표될 때마다 그 교수에게 복사본을 한 부씩 보냈다고도 한다), 영화 〈터미네이터〉를 비롯해 자기 아이디어를 베꼈다고 생각한 영화 제작사들을 상대로 지독한 저작권 소송을 벌였다는 일화도 유명하다.

하지만 할란 엘리슨의 악명이 드높은 이유는 무엇보다 그가 탁월한 작가이기 때문이다. 그는 1955년 데뷔한 이래 작품을 쏟아내며 1,700여 편의 글을 썼고, 114권의 책을 쓰거나 편집했고, 12편의 시나리오를 냈다. 그의 이력은 다양한 장르를 망라하는 중·단편과 함께 TV쇼 각본, 시나리오, 코믹

북 스토리, 에세이, 미디어 비평을 두루 포함한다. 휴고상, 네뷸러상, 에드거상, 브람 스토커상, 로커스상 등의 수상 기록은 20세기를 통틀어 최고봉에 속한다. 젊은 엘리슨에게 명성을 가져다준 〈"회개하라, 할리퀸!" 째깍맨이 말했다〉(1965)는 오 헨리의 〈동방 박사의 선물〉이나 셜리 잭슨의 〈제비뽑기〉와 함께 영어로 가장 많이 인쇄된 이야기 10위에 들어가고, 그가 각본을 쓴 〈스타트렉〉의 '영원의 경계에 선 도시The City on the Edge of Forever' 에피소드는 시리즈 79편 중 최고로 꼽힌다. 아이작 아시모프는 엘리슨을 두고 "그는 자기 키가 159센티미터라고 하지만, 재능과 열정과 용기 면에서는 2미터가 넘는 거인"이라고 평한 바 있다. 국내 최초로 소개되는 엘리슨의 대표 걸작선은 2014년 출간된 〈화산의 꼭대기Top of the Volcano: 할란 엘리슨 수상집〉을 주제에 따라 세 권으로 나누어 옮긴 것이다.

1. 미국 뉴웨이브의 전성기를 이끌다

할란 엘리슨은 로저 젤라즈니, 새뮤얼 딜레이니와 더불어 가장 스타일리시한 뉴웨이브 작가로 평가된다. 뉴웨이브는 1960~1970년대에 주류를 이룬 SF의 하위 사조로, 과학기술적인 측면보다 인간 내면의 심층 세계를 중시하고 전위적인 실험으로 문학성을 추구하는 점이 특징이다. 이 중에서도 엘리슨은 용암처럼 강렬하고 감각적인 표현으로 미국 뉴웨이브의 전성기를 견인했다. 엘리슨의 초기 대표작 〈"회개하라, 할리퀸!" 째깍맨이 말했다〉는 문장을 완성하기보다 단발적으로 끝맺으며 독자를 다음으로 이끄는데, 이는 시각 효과와 서스펜스를 극적으로 활용한 A. E. 밴 보트식 작법론의 모범 예라 할 만하다. 하지만 엘리슨의 현란한 서술과 심리 묘사는 뉴웨이브의 시초이자 "불꽃놀이" 같은 문체라고 불렸던 앨프리드 베스터의 영향을 강하게 드러낸다. 특히 〈사이 영역〉(1969)은 어지럽게 붕괴하는 활자 배치와 이미지로 시각적인 충격을 시도하면서, 베스터의 〈파괴된 사나이〉(1953)나 〈타이거! 타이거!〉(1957)에서와 같은 문학적 실험을 엘리슨이 어떻게 계승했는지 시사하는 작품이다. 실제로 엘리슨은 앨프리드 베스터의 〈컴퓨터 커넥션〉(1975)의 추천사를 통해 죽은 작가에게 바치는 경탄과 그를 알아보지 못하는 사람들을 향해 분노한 바 있다.

그런가 하면 〈세상의 중심에서 사랑을 외치는 짐승〉(1968)은 지극히 암시적인 글이다. 엘리슨은 여기서 오래된 상징체계를 차용해 SF의 방식으로 신화를 구현한다. '머리 일곱 달린 용'은 물론 성경에 등장하는 짐승이고 '열자마자 내용물이 흩어지는 상자'는 판도라의 상자다. 엘리슨은 신화가 그렇듯

'배출'이 어떻게 이루어지고 '변천'이 무엇인지 전혀 설명하지 않고 독자가 알아서 이해할 영역으로 남겨둔다. 그러나 신화와 달리 작중의 주역은 기술과 인간이며, 우주의 이쪽과 저쪽을 인과적으로 연결해 아득하고 아연한 암시를 남기는 모습은 더없이 SF답다. 이는 엄밀한 과학적 서술에 치중하는 하드 SF가 각광받기 전에 '소프트'한 뉴웨이브가 어떻게 명성을 떨쳤는지를 증명한다.

국내에도 일찍이 소개된 적 있는 〈소년과 개〉(1969)는 디스토피아와 서부 활극을 합친 비뚜름한 중편으로, 예상을 뒤집는 결말은 인간의 증오와 사랑이 주된 테마라는 엘리슨의 작품 세계를 단적으로 보여준다. 이렇듯 인간이라는 내우주內宇宙에 치중하는 경향은 〈랑게르한스 섬 표류기: 북위 38°54′ 서경 77°00′ 13″에서〉(1974)에 이르면 한층 추상적이고 상징적으로 발전한다. 이 단편은 문자 그대로 주인공 속으로 들어가며, 영화 〈울프맨〉의 비극을 괴물과의 싸움이 아니라 깨달음을 향한 내면세계 여행으로 마무리한다.

2. 메스와 소실점

한편 기괴한 이야기를 그릴 때 엘리슨은 문학의 메스를 들고 인간의 터부를 헤집곤 한다. 한 줌의 희망도 없는 닫힌 세계를 헤매는 사람들, 스멀스멀 고조되는 불안감, 이해하기 어려울 정도의 악행과 광기, 일이 크게 잘못되었다는 메슥거림은 엘리슨의 단편에서 흔히 그려지는 모습이다. 그리고 이런 재난은 무엇보다 인간 자신의 결함에 기인한다는 특징을 지닌다. 콘돔을 쓰는 대신 여자에게 낙태를 시키는 남자가 버려진 아이들의 지옥에 떨어지는 〈크로아토안〉(1975)은 그야말로 자업자득이라는 말이 어울린다. 이렇듯 엘리슨의 작품에서 인간은 악의에 찬 신들의 장기말이고 놀잇감으로 희생당하면서도 직접 산제물을 바치며 재앙을 초래하는 광신도라는 이중적 면모를 보인다.

전쟁, 죽음, 파멸은 현실 세계의 것이지만 엘리슨이 그리는 그림에는 이를 흠향하는 사악한 신이 전체 구도를 지배하는 소실점처럼 자리한다. 이 책의 수록작 중에는 〈나는 입이 없다 그리고 나는 비명을 질러야 한다〉(1967)가 대표적이다. 인류가 만들어낸 컴퓨터 AM이 복수심을 충족하기 위해 등장인물들을 살아 있는 채로 영원히 고통받게 만든다는 이 이야기는 두고두고 회자되며 만화, 게임, 라디오드라마로 만들어졌다. 1995년작 게임에 수록된 AM의 목소리는 엘리슨이 직접 담당한 것으로도 유명하다.

〈매 맞는 개가 낑낑대는 소리〉(1973)는 1968년에 실제로 있었던 유명한 살인 사건을 모티브로 삼은 작품이다. 키티 제노비스라는 여성이 칼을 든 남성에게 강간 살해된 사건이었다. 작중에서처럼 살인자는 제노비스가 비명을 지르자 놀라 도망쳤지만 아무도 현장에 나타나지 않자 다시 돌아와 마저 그녀를 죽였다. 신문은 그녀의 비명을 들은 주변 아파트 거주민 중 누구도 신고하지 않았다며 노골적인 비난을 토했다(실제로는 신고가 있었다고 한다). 심리학자들은 이 현상을 설명하기 위해 '방관자 효과'를 제안했다. 엘리슨은 이 사건을 '신의 부재'와 '사악한 신의 탄생'으로 형상화한다. 현대 인간이 지닌 냉혹함, 둔감함, 자기중심성이 결국 인간들 자신을 끔찍한 새 신이 지배하는 세상으로 초대하는 것이다. 마침 당시는 아이라 레빈의 소설 〈로즈메리의 아기〉(나중에 동명의 영화로 만들어졌다)에 나타나 있듯 우리 이웃의 평범한 주민들이 사탄 숭배 집단이라는 의혹이 떠돌던 때이기도 하다.

베트남전 후유증을 드러낸 〈바실리스크〉(1972)는 전쟁과 민주화에 얽힌 1970년대 미국의 부조리를 담고 있다. 베트남전 참전 경험과 들불처럼 일어난 반전 평화운동, 민주주의 운동은 미국 문화에 큰 영향을 끼쳤으며, 전쟁 후유증에 시달리는 퇴역군인들의 PTSD Post-Traumatic Stress Disorder, 외상 후 스트레스 장애 연구 및 피해자 보상 문제도 함께 부상했다. 미국이 1964년

베트남전에 참전해 1973년 철수할 때까지 많은 작가가 군대에 징집되어 이러한 부조리와 마주했으며, 육군에서 대체복무로 종사한 엘리슨 역시 예외는 아니었다. 〈바실리스크〉 말미에 나오는 "민중에게 권력을Power to the People"은 유명한 반전 및 민주주의 운동 구호이자, 한창 평화운동가로 활동하던 존 레논이 1971년 발표한 노래 제목이다. 전쟁의 신 마르스가 이를 음미하는 대목은 인간의 나약함과 잔인함을 파헤치기를 서슴지 않았던 독설가 엘리슨다운 결정타라 하겠다.

이렇게 '사악한 신'과 인간의 관계를 밝히는 작업은 〈죽음새〉(1973)를 통해 기독교를 재해석하는 데 이른다. '불타는 덤불'로 나타나는 '미친 자'는 AM처럼 질투하고 분노하고 벌하는 하나님이다. 구약성경의 소재는 이후로도 종종 나타나는데, 〈아누비스와의 대화〉(1995)는 인간의 죄와 분노한 신이라는 테마를 변주한 단편이다.

3. 앙팡 테리블, 약간 녹은

50년에 걸쳐 풍부한 작품군을 보유한 엘리슨은 SF 작가보다는 그저 작가라고 불리길 선호한다고 말한 바 있다("SF 작가라고 불러봐, 너희 집에 나타나 네 애완동물을 테이블에 못 박아버릴 테니"). 밴 보트와 합작한 〈인간 오퍼레이터〉(1970)는 SF팬이 기대할 법한 SF지만, 다른 스타일의 이야기도 만만찮은 비중을 차지하고 있다. 셰익스피어 소네트sonnet, 서양 시가의 한 형식으로, 14행으로 이루어진 짧은 시를 그대로 단편으로 이어간 〈괘종소리 세기〉(1978), 휴고상, 로커스상, 네뷸러상을 모두 수상하며 격찬을 받은 〈제프티는 다섯 살〉(1977), 죽음을 더없이 아름답고 경건하게 받아들이는 〈잃어버린 시간을 지키는 기사〉(1985), 상실의 아픔을 '타나토스의 입'으로 만든 〈꿈수면의 기능〉(1988) 네 편은 각기 다른 방식으로 시간의 비가역성을 애도한다.

특히 〈콜럼버스를 뭍에 데려다준 남자〉(1991)는 장르소설을 거의 뽑지 않는 〈미국 베스트 단편소설집〉에 수록되는 쾌거를 누렸다. 작중에 언급되는 셜리 잭슨의 단편은 이 중편의 전신이나 다름없으니 아직 읽지 못한 독자라면 작품의 주인공 레벤디스의 말대로 "성경을 무시하고 집으로 돌아가 셜리 잭슨의 단편 〈땅콩과 보내는 평범한 하루〉나 다시 읽는" 시도를 해봐도 좋겠다. 하루는 선행, 하루는 악행을 행하는 레벤디스의 모습을 훨씬 깊이 이해할 수 있을 것이다.

중견 작가가 되면서 인간의 증오와 사랑을 다루는 엘리슨의 관점은 장르에 매이지 않는 만큼이나 복합적이고 다면적으로 발전한다. 끔찍한 악동이라 부르기에 부족하지 않다는 점은 여전하지만, 그의 후기 작품은 나이를 먹으면서 부드러워졌다는 평을 듣는다. 〈아라비안나이트〉를 현대에 재현한 〈지니는 여자를 쫓지 않아〉(1982)는 이전 작품과 같은 작가라고 믿기 어려울 정도로 유쾌하고 행복한 우화다. 남편의 열등감을 숨김없이 지적하는 점이 여전히 심술궂긴 하지만 말이다.

〈허깨비〉(1988)의 화자인 비징치는 예의 '사악한 신'들과 다름없는 가공할 악인이지만, 인류를 지옥도에 빠뜨리는 대신 인류 스스로 바닥에서 벗어날 기회를 준다. 비징치가 두루마리에서 뽑아낸 이야기 조각들은 파멸과 선택을 앞둔 '잠 카레트', 즉 여분의 시간을 포착하고 있다. 장면 하나하나는 흔들 때마다 모습이 변하는 만화경처럼 다채로우면서 무의미하다. 그러나 이 안에는 본질을 관통하는 희미한 기회가 있다. 그 희미한 기회야말로 자신의 세계에서 납치당해 "영원한 고통에 사로잡힌 채 브라운 씨네 거실에 남겨진" 금속 군인을 어디에도 없는 억양으로 말하는 남자로 이어주는 미싱 링크다.

이러한 연장선상에서 보면 후기작 〈쪼그만 사람이라니, 정말 재미있군요〉(2009)의 두 가지 결말은 매우 흥미롭다. 엘리슨이 인간에게 제시하는 길은 둘 다 냉혹하기 그지없지만, 우리한테는 끝이 정해지기 전에 숙고할 시간이 주어진다. 절망과 통곡의 도돌이표만 남았던 이전 작품들에 비해서는 훨씬 풍성한 가능성이 생긴 셈이다.

4. 고통과 즐거움을 균형 있게

할란 엘리슨은 책을 기획하고 작품을 발굴하는 데에도 뛰어난 역량을 보였다. 그의 특별 휴고상 둘은 편집자로서 받은 것이다. 〈위험한 비전Dangerous Visions〉(1967), 〈다시, 위험한 비전Again, Dangerous Visions〉(1972)은 할란 엘리슨의 이름 아래 뉴웨이브의 걸작을 모은 앤솔러지다. 〈메데아: 할란의 세계Medea: Harlan's world〉(1985)는 공동으로 허구의 세계를 창작한다는 '공유 세계'라는 발상을 초창기에 시도한 프로젝트로, 할란 엘리슨 외에도 폴 앤더슨, 할 클레멘트, 토머스 M. 디쉬, 프랭크 허버트, 래리 니븐, 프레데릭 폴, 로버트 실버버그, 시어도어 스터전, 케이트 윌헬름, 잭 윌리엄슨이 참여했다. 이는 '공유 세계' 작품 중에서도 성공적인 작품으로 꼽힌다.

잡지 중심이던 당시 SF시장에서 앤솔러지는 상대적으로 주목을 덜 받았지만, 엘리슨의 〈위험한 비전〉과 〈다시, 위험한 비전〉은 뉴웨이브의 매력을 한눈에 보여주며 인상적인 위치를 점했다. 개별 수록작만이 아니라 선집으로도 수상 후보가 될 정도였다. 두 권의 작가 목록에는 폴 앤더슨, 레이 브래드버리, 새뮤얼 딜레이니, 필립 K. 딕, 필립 호세 파머, 딘 쿤츠, 어슐러 K. 르 귄, 프리츠 라이버, 조애나 러스, 데이먼 나이트, 래리 니븐, 로버트 실버버그, 시어도어 스터전, 제임스 팁트리 주니어, 커트 보네거트, 케이트 윌헬름, 진 울프, 로저 젤라즈니 등 쟁쟁한 이름이 늘어서 있다. 수록 작가 상당수가 당시에는 신인이었다는 점을 고려하면 탁월한 안목이 아닐 수 없다.

세 번째 앤솔러지 〈마지막 위험한 비전The Last Dangerous Visions〉은 앞의 두 권과는 다른 이유로 특별한 책이 되었다. 조지 R. R. 마틴의 말을 빌리면 "그 책이야말로 같은 분야의 모든 경쟁자를 제치고 SF 역사에 길이 남을 작품집"이다. 발매 지연이라는 분야에서 전설적인 게임이라 할 만한 타이틀 〈듀크 뉴켐 포에버〉를 압도하는 이름이기 때문이다. 엘리슨은 이를 1973년에 출간하기로 했고, 책이 곧 나온다고 거듭 장담했고, 1979년에는 수록작 목록을 갱신했으나 결국 출간하지 못했다. 엘리슨에게 원고를 보낸 작가는 약 150명에 이르며 다수가 원고를 살리지 못한 채 사망했다. 엘리슨의 거듭된 호언장담으로 고통받은 작가 중 하나인 크리스토퍼 프리스트는 급기야 〈마지막 위험한 비전〉의 미출간 사태를 철저히 규탄하는 〈마지막 허황된 비전The Last Deadloss Visions〉을 썼다. 그리고 이를 책으로 확장한 〈영원의 경계에 선 책The Book on the Edge of Forever〉으로 휴고상 논픽션 부문 후보에까지 올랐다.

엘리슨에게 이를 가는 사람들이 한둘이 아니다 보니 농담

반 진담 반의 단체 '엘리슨의 적들EoE, Enemies of Ellison'이 만들어지기도 했다. 가입비를 낸 회원들은 배지와 뉴스레터를 받을 수 있었다. 이 단체는 '적'이라는 단어가 적당하지 않다는 이유로 나중에 '엘리슨의 희생자들Victims of Ellison'로 이름을 바꾸었다. 한편, 만일 엘리슨의 친구이고자 하면 이에 대항하는 단체 '엘리슨의 친구들FoE, Friends of Ellison'에 지지를 보낼 수도 있었다. 우리의 마음 따뜻한 이웃 엘리슨에게 감동했던 사연을 보내면 배지와 뉴스레터를 받는 식이었다. 〈인크레더블 헐크〉〈아쿠아맨〉 등의 코믹스를 만든 피터 데이비드가 시작한 이 단체는 '적들'보다 10배의 편지를 받았다.

엘리슨이 비록 까다로운 기준과 무자비한 평가로 많은 이들에게 고통을 선사했더라도, 좋은 글은 솔직하게 칭찬했던 것도 사실이다. 그는 후배 작가 양성에도 결코 무관심하지 않았다. 엘리슨이 미국 극작가협회에서 주최하는 오픈도어 프로그램 강사로 있을 때 가난한 작가 지망생이었던 옥타비아 버틀러를 지도한 일은 그의 평생 자랑거리였다. 인종 분리 정책의 잔재가 남아 있던 시기임에도 엘리슨은 흑인 여성인 버틀러가 작가가 될 수 있도록 전폭 지원했으며, 그녀는 최초이자 가장 유명한 흑인 여성 SF 작가가 되었다.

"작가는 모든 것을 알아야 한다"는 말답게 엘리슨은 현장에 뛰어드는 일도 주저하지 않았다. 청소년 범죄에 관해 쓰기 위해 가짜 신분으로 브루클린 갱단에 들어갔고, 롤링 스톤스 등과 함께 여행한 뒤 로큰롤을 묘사하기도 했으며, 흑인 참정권 운동을 위해 마틴 루터 킹 목사가 주도한 셀마-몽고메리 행진에 동참하기도 했다. 그에게 작가로서 활동하는 일과 사회 활동은 별개가 아니었다. 1978년 성별에 따른 차별을 금지하는 성평등 헌법 수정안ERA, Equal Rights Amendment을 지지하며 벌였던 독특한 시위가 그 예다. 엘리슨이 애리조나 피닉스에서 열리는 월드컨Worldcon, World Science Fiction Convention에 주빈으로 초대받았을 때인데, 당시 애리조나 주의회는 ERA를 비준하지 않으며 반대 측에 선 상태였다. 엘리슨은 이에 항의하는 뜻으로 애리조나에서는 단 한 푼도 쓰지 않겠다고 공표했다. 그는 컨벤션에서 제공하는 호텔을 거부하고 모든 생필품을 실은 자신의 RV에 머무르며 체류 기간 내내 정말로 한 푼도 쓰지 않았다.

그렇다고 그가 페미니스트냐 하면, 2006년 그랜드마스터 칭호를 받으면서 진행자인 코니 윌리스에게 짜증을 내며 가슴에 손을 댄 사건도 있으니 평가하기가 쉬운 노릇은 아니다. 엘리슨은 자주 사람들이 이전 시대의 역사를 모르고 바보가 되어 간다고 분노했고, 속어, 외설, 신조어를 능수능란하게 사용하며 미디어 비평을 쏟아냈다. 그의 비평은 〈유리 젖꼭지 The Glass Teat〉〈다른 유리 젖꼭지The Other Glass Teat〉로 묶여 휴고 상 논픽션 부문 후보에 올랐다. 그는 자유주의자이고, 인권 단체를 지지하고, 평생 검열 반대 활동을 했다. 국제 작가 연맹 PEN international은 예술의 자유에 공헌한 엘리슨의 노력을 기리는 의미로 그에게 실버 펜을 수여했다.

할란 엘리슨에게 감탄하기는 쉽지만 그를 좋아하기는 쉽지 않다. 하지만 엘리슨의 글을 좋아하기는 매우 쉽다. 그는 나폴레옹보다 작고 히틀러보다는 더 작은, 어릴 때부터 혼자 힘으로 생계를 꾸렸던, 언제나 수동 타자기로 글을 썼던, 자기 이름이 상표로 등록되어 있는 사람이다. 〈워싱턴 포스트〉는 엘리슨에게 "살아 있는 가장 위대한 미국 단편 작가 중 하나", 〈로스앤젤레스 타임스〉는 "20세기의 루이스 캐롤"이라는 별명을 달아주었다. 할란 엘리슨 전기영화 〈날카로운 이빨의 꿈들Dreams with Sharp Teeth〉(2008)은 그를 이렇게 칭한다. 천재, 괴물, 전설이라고.

언제나 그랬듯이
〈스페이스 오디세이〉

1968~1997, 아서 C. 클라크

〈스페이스 오디세이〉 시리즈 완전판 세트 ⓒ황금가지

〈스페이스 오디세이〉 시리즈는 인공지능, 우주 비행, 그리고 인류의 진화에 관해 확고한 이미지를 만들었다. 애플 기기에 추가된 인공지능인 시리에게 HAL 9000을 아느냐고 물어보면 그/그녀는 '누구나 그에게 일어난 일을 안다'는 답을 한다. 영화 〈2001 스페이스 오디세이〉에서는 빨간색 모노 렌즈와 억양 없는 목소리로 강렬한 인상을 남긴 HAL은 작중 우주선 디스커버리호의 제반 사항을 통제하는 인공지능 컴퓨터다.

MIT 출판부는 HAL의 소설판 생일인 1997년을 기념하며, 2001년의 인공지능이 어떠할지를 다루는 〈HAL의 유산 HAL's Legacy〉을 출간했다. 마찬가지로 기념비적인 2001년에는 같은 주제를 다룬 동명의 다큐멘터리가 BBC에서 제작되었다. 픽션 속 우주여행이 실제로 가능할지, 그리고 어떻게 가능해졌는지 점검하는 다큐멘터리들이 심심찮게 '2001 스페이스 오디세이'라는 이름을 빌렸으며, 전설적인 과학 다큐멘터리 시리즈 〈코스모스〉를 리부트한 2014년판의 정확한 제목은 〈코스모스: 우주 오디세이Cosmos: A Spacetime Odyssey〉다. 이외에도 원숭이 우두머리가 집어던진 뼈다귀가 허공에서 최첨단 우주선으로 변모하는 장면이라든가, 달의 뒷면에 우뚝 선 '모노리스'의 모습을 차용한다면 아무런 설명이 없더라도 그것은 〈스페이스 오디세이〉를 오마주한 것이다.

인류의 진화라는 측면에서도 〈스페이스 오디세이〉는 언제든 다음 단계를 찾는 인간상을 분명하게 보여주었다. 2014년 개봉한 영화 〈인터스텔라〉는 여러모로 〈스페이스 오디세이〉와 흡사한데, 특히 영화의 캐치프레이즈 "우리는 답을 찾아낼 것이다, 언제나 그랬듯이"는 바로 소설 〈2001 스페이스 오디세이〉에서 반복되는 주제다.

어떤 사람들에게 〈스페이스 오디세이〉는 아직도 현실로 체현되는 과정에 있는 이야기이며, 따라서 이 4부작 소설을 지금 다시 읽는 것이 무의미한 일은 아니다. 시리즈로서 〈스페이스 오디세이〉는 거의 반세기에 걸쳐 만들어진 이야기다. 1964년 아서 C. 클라크와 스탠리 큐브릭은 각각 소설과 영화를 맡아 4년 후 〈2001 스페이스 오디세이〉를 출간 및 제작했다. 두말할 것도 없이 당시는 인류가 우주를 향해 전례 없는 열광과 예산을 쏟아붓던 시기였다. 미국의 우주 개발 예산은 1966년 최고치를 기록했다. 뉴스에서는 자부심과 낙관주의의 세례가 쏟아졌을 것이다. 우주탐사를 손에 잡힐 듯 그려낸 〈2001 스페이스 오디세이〉는 시기상 그런 열망에 완벽하게 부합했다. 1968년 최초로 달의 뒷면을 목격한 아폴로 8호의 승무원들은 모두 이 작품을 본 상태였고, 달에 커다란 검은 모노리스가 있다고 보고하고 싶은 마음을 억눌러야만 했다고 고백했다.

영화 〈아폴로 13〉으로도 만들어진 아폴로 13호의 승무원들은 텔레비전 보도용 영상을 송출하기 위해 배경음악으로 영화 〈2001 스페이스 오디세이〉의 상징이 되어버린 웅장한

오프닝넘버 '차라투스트라는 이렇게 말했다'를 골랐다. 1977년 발사된 보이저 1호는 우연찮게도 소설과 똑같이 목성의 중력을 이용해 가속도를 얻는 섭동 기동을 실현했다. 〈2001 스페이스 오디세이〉의 출판사는 클라크에게 후속작 원고료로 800만 달러(약 70억 원)를 제시했다고 한다.

클라크는 목성에 간 보이저호와 파이어니어호가 수집한 최신 정보를 반영해 1982년 〈2010 스페이스 오디세이〉를 발표했다. 이처럼 〈스페이스 오디세이〉 시리즈는 인류의 우주 진출 역사와 긴밀하게 상호작용하며 확장된 이야기이고, SF소설의 그랜드마스터 아서 C. 클라크를 대표하는 가장 유명한 작품이다. 작가로서 아서 C. 클라크는 SF소설이 자아내는 경이감을 느리게, 그리고 강렬하게 선사하는 단편을 다수 남겼다. 〈스페이스 오디세이〉 시리즈에서는 비록 3부작을 넘기는 과욕을 부리고 말았지만, 그가 독자들을 매혹하고 우주를 갈망하도록 만드는 솜씨는 변함없이 탁월하다.

단편에서든 장편에서든 그 매혹의 성공 비결은 바로 서두르지 않는 것이다. 그는 뱃사람들이 상상한 깊은 바다 괴물처럼 압도적인 이야기를 마치 하드보일드 탐정의 관찰처럼 사실적으로 묘사한다. 우주선 후미로 수많은 냉각관이 섬세하게 얽혀 지느러미 혹은 잠자리 날개처럼 연결된 모습, 극단적인 온도 때문에 지옥같이 끓어오르는 이오의 풍경과 더없이 장엄한 질량을 뽐내는 목성, 갖가지 색깔이 미세하게 변화하며 장대하게 움직이는 토성의 고리가 글자로 그려진다. 총천연색 우주 사진이 연상되는, 엄청나게 거대하고 믿을 수 없을 정도로 낯선 이미지를 찬찬히 소설로 형상화하는 것이다.

그리고 이런 과학적 엄밀성과 사실적인 서술 때문에 작품 전반에 진하게 깔린 신비주의적 요소가 사풋 설득력을 갖는다. 클라크는 토성의 환경을 성실하게 서술하던 태도 그대로 외계의 정신체를 묘사하며 과학과 신비주의 사이에서 줄타기를 한다. 작중 '스타차일드'가 나타나는 순간은 과학적이라기보다는 오히려 종교적이다. 여기에는 우주 어딘가 인간을 한없이 뛰어넘은 지성체가 존재하리라는 믿음, 그리고 인간이 언젠가 그런 영역에 도달하리라는 믿음이 보인다. 인간원숭이가 인류로 진화하는 도입부부터 등장하는 인류 운명에 대한 암시는 너무 노골적이라 이들 앞에 나타나는 모노리스를 십계의 석판으로 비유해도 좋을 정도다.

사실 "'신'일 수밖에 없"을 만큼 인류보다 훨씬 앞선 모노리스의 제작자들은 강력하고 불가해하다는 점에서 H. P. 러브크래프트가 만든 코스믹 호러의 신들, '그레이트 올드 원'과도 닮았다. 그러나 클라크가 그리는 '신'은 인류에 깊은 관심을 표하며, 지금은 불가해하지만 언젠가는 인간에게 해석되리라고 기대를 주는 존재다. 결국 어떤 초월자든 인류에서 한없이 아득하게 이어지는 연장선인 것이다. 이는 클라크의 다른 대표작인 장편 〈유년기의 끝〉(1953)이나 단편 〈별〉에서도 되풀이되는 주제로, 결국 인류와 초월자는 아득하게 떨어져 있으면서도 확실하게 연결된다. 과연 철저한 이신론자理神論者, 이신론은 신의 존재와 진리의 근거를 인간 이성이 인식할 수 있는 자연적인 것에서 구하는 이론으로, 신을 세계의 창조자로 인정하지만 세상일에 관여하거나 계시나 기적으로 자기를 나타내는 인격적 주재자로서의 신은 부정한다로 유명했던 사람다운 신앙고백이다. 이성을 초월한 영역을 인정하되, 어떤 초월자라도 언젠가는 모두 이성의 영역으로 포섭되리라고 믿는 것이다.

그리고 소설은 이런 미래가 너무 공상적이라는 비판을 미리 차단하며 닐스 보어의 말을 인용한다. "당신 이론은 터무니없지만, 진실이 될 만큼 터무니없지는 않다." 소설은 터무니없지만, 터무니없기 때문에 의미가 있다. 과학이란 지식일 뿐만 아니라 태도이기도 하다. SF소설의 장기는 현재의 과학을 요약하는 것이 아니라 그다음에 무엇이 있는지를 보여주는 것이다. SF소설이 터무니없으면서도 과학적인 이유는, 아직 모르는 것을 이해하려는 노력, 언젠가 이해하게 되리라는 믿음, 아직 넘어본 적 없는 장벽 너머로 도전하는 정신을 자극하기 때문이다. 〈스페이스 오디세이〉 시리즈는 이야기 내내 열린 결말로 끝을 맺으며 독자에게 항상 다음 단계를 열어놓는다. 그리고 괴물을 물리치고 보화와 미녀를 얻는다는 식의 모험담과는 다른 범주의 두근거림을 선사한다. 새로운 세계를 알고 싶다는 설렘, 상상으로나마 그곳에 도달한다는 짜릿함이다.

큐브릭은 이런 면에서 일찍이 클라크와 〈스페이스 오디세이〉에 찬사를 바친 바 있다. "요람 같은 지구에서 우주 속의 미래를 향해 손을 뻗은 인류의 모습"을 그만큼 잘 다룬 사람이 없다고. 지금 책을 읽는 독자라면 처음 이 시리즈가 출간됐을 때와는 다르게 이미 2001년과 2010년을 잘 알고 있다. 21세기 사람들은 태블릿 PC를 능숙하게 사용하고 종이 신문을 그리워하지 않으며, 목성과 토성을 넘어 명왕성의 얼굴을 보았다. 하지만 아직도 달 개척도시는 없고, HAL처럼 두루 뛰어난 강强인공지능은 개발되지 않았고, 우주는 여전히 세상의 끝이며 뛰어난 소수만이 개척하는 미지의 세계로 남아 있다. 우주에 우리 말고 다른 문명이 기다리는지 아닌지 모르기는 현재도 마찬가지다.

다음 단계는 언제나 열려 있고, 이것이 우주 시대를 열광시켰던 동력이자 〈스페이스 오디세이〉 시리즈가 아직 현재

진행형인 이유다. 저 너머에 무엇이 있을지 몰라도 인간은 언제나 그랬듯이 다음 방법을 찾아낼 것이며, 그렇게 누구도 한 번도 가보지 않았던 곳을 향해 담대하게 나아갈 것이다. 이 책을 처음 여는 독자든 다시 방문하는 독자든, 부디 건투를 빈다.

영웅신화는
전쟁 이야기일 수밖에 없을까?
〈라비니아〉

2008, 어슐러 K. 르 귄

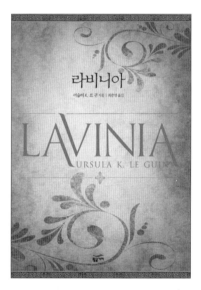

〈라비니아〉 ⓒ황금가지

"성모 르 귄이시여!"

– 찰스 유, 〈SF 세계에서 안전하게 살아가는 방법〉 중

르권의 신작

어슐러 K. 르 귄(이하 르권)이 어떤 사람인지 줄줄이 늘어놓는 것은 식상한 일일 것이다. 오랜 시간 '살아 있는 전설'이었으며, 작고한 "성부 하인라인"과 달리 팔순을 넘긴 후에도 의욕적으로 창작 활동을 한 거장이기도 하다. 르권에게 붙는 문구 중 하나는 "SF 작가 중 노벨상을 받는다면 그 1순위는 르권"이라는 평이다. 그만큼 르권의 작품이 폭넓게 인정받고 있다는 증거라 하겠다. 르권을 두고 'SF 작가'라고 해야 할지, '판타지 작가'라고 해야 할지는 논란의 여지가 있을지 모르나, 장르를 뛰어넘어 SF, 판타지, 아동문학, 시 등등을 가리지 않고 다작하는 작가이기에, 그냥 '르권'이라는 고유명사로 칭해도 될 듯싶다.

그녀는 1960년대 초 데뷔한 뒤로 꾸준히 작품을 발표했다. 1970년에 발표한 〈어둠의 왼손〉으로 휴고상과 네뷸러상, 제임스 팁트리 주니어상을 수상했으며, 이후 휴고상과 네뷸러상을 각각 다섯 번쯤 수상했다. 〈어둠의 왼손〉〈빼앗긴 자들〉(1974) 등을 포함하는 '헤인 시리즈'가 대표적인 SF 작품이며, 〈어둠의 왼손〉은 유명한 SF 클리셰 중 하나인, 거리에 상관없이 의사소통이 가능한 통신장치 '앤시블'이 처음으로 등장하는 작품이다(이후 '앤시블'은 '워프'처럼 뜻을 따로 설명할 필요가 없는 용어로 굳어졌다).

　판타지 쪽으로는 〈어스시의 마법사〉(1968)로 시작해 〈또
다른 바람〉(2001)으로 이어지는 '어스시(땅바다) 시리즈'가 대표
작이다. 그리고 어스시 시리즈를 마친 후 들고 나온 서부 해
안 연대기 3부작 〈기프트〉(2004), 〈보이스〉(2006), 〈파워〉(2007)
가 있으며, 〈파워〉로 다섯 번째 네뷸러상을 수상했다. 이외에
도 두 차례 영화화된 〈하늘의 물레〉(1971), 동화 〈날고양이들〉
(1988~1999) 등이 있다. 2000년에는 미국의 문화적 유산에 미
친 현저한 공로를 인정받아 미국 국회 도서관에서 선정한 '살
아 있는 전설'(이런 칭호를 정말로 받았다!) 중 한 사람이 되었고,
2003년에는 SF와 판타지 분야에 크게 기여한 사람을 선정하
는 그랜드마스터상을 수상하였다. 장르문학 외부에서도 퓰리
처상이나 전미도서상을 받는 등 널리 인정을 받았다.

　르귄의 전설적인 면은, 이름 있는 작가가 된 후에도 늘 다
른, 새로운, 그리고 이전보다 나아간 작품을 냈다는 점이다.
르귄을 다룬 다큐멘터리 〈어슐러 르 귄의 환상특급Worlds of
Ursula K. Le Guin〉에서 한 독자는 르귄에 대해 이렇게 말한다. 어
렸을 때 읽던 작가가 성인이 되어서도 새로운 책을 내는데,
심지어 더 좋다고.

〈아이네이스〉와 아이네아스
: 트로이 전쟁에서 로마 건국까지

〈라비니아〉의 주인공은 라비니아지만, 그녀는 지금까지 아이네아스의 아내로만 잠깐 등장했을 뿐이다. 그것도 정확히 말하면, 아내들 중 하나였다. 그럼 또 아이네아스는 누구인가? 책의 표현을 빌리면, "영웅적이면서 책임감도 있고, 공명정대하고, 성실한 남자, 많은 것을 잃었고 많은 고통을 당했으며 많은 실수를 범했고 그 모두에 대한 대가를 치른 남자. (…) 자신의 도시가 배신당하고 불타오르는 것을 보았으며 그 화재에서 아버지와 아들을 구한 남자, 살아서 저승까지 내려갔다가 돌아온 남자, 역경을 헤치고 경건함을 배운 남자"다. 전형적인 그리스 고대 영웅이라 하겠다. 아이네아스는 라비니아와 만나기 전에 이미 전설을 여럿 만들었다.

아이네아스의 역사는 트로이전쟁부터 시작한다. 트로이의 목마, 황금 사과, 헬레네 등이 등장하는 그 트로이전쟁 말이다. 익히 알려져 있듯 트로이전쟁은 세계 최고 미녀라는 헬레네를, 그에 한눈에 반한 파리스라는 트로이 왕자 놈이 냉큼 납치하면서 시작된다. 헬레네가 스파르타의 왕비였기 때문에 이는 그리스 연맹과 트로이의 전쟁으로 발전한다. 헬레네의 남편이자 스파르타의 왕이었던 메넬라오스는 트로이를 치기 위해 동료를 모은다. 동료들은 그와의 약속을 지키고 그의 명예를 수복하기 위해 모여든다. 이 전쟁은 10년이나 계속되며 그리스 연합군과 트로이 양쪽에 수많은 사상자를 낸다.

트로이전쟁은 당대 영웅과 신화의 집결장이었다. 그리스 측 영웅만 해도 스파르타의 왕 메넬라오스, 〈오디세이아〉의 주인공이며 아테네의 지원을 받은 오디세우스, 메넬라오스의 형이자 미케네 코린토스 등지의 왕 아가멤논, 아킬레스건의 어원이 된 영웅 아킬레우스 등이 있다.

그리스는 연합군이었지만 트로이 측은 트로이 사람들이 대부분이었다. 헥토르, 파리스 등은 트로이의 왕 프리아모스의 아들들이다. 예언의 힘을 지녔지만 아무도 귀 기울이지 않으리란 저주를 받은 카산드라 역시 프리아모스의 자녀이자 트로이의 공주였다. 아이네아스는 트로이 왕족 잉카네스와 여신 베누스(아프로디테)의 아들이고, 프리아모스의 다른 딸 크레우사와 결혼했다. 아이네아스는 트로이의 왕위 계승자는 아니었지만, 트로이는 그의 도시였고 트로이 사람들은 그의 사람들이었다.

트로이전쟁은 트로이의 패배로 끝난다. 오디세우스가 고안한 트로이의 목마는 10년간 지지부진하던 전쟁의 승패를 단숨에 결정지었다. 아이네아스는 불타는 트로이를 뒤로하고 남은 이들을 이끌어 떠난다. 절름발이 아버지 잉카네스와 어린 아들 아스카니우스를 데리고, 아내는 잃어버린 채, 그는 유민들의 지도자가 된다. 그는 트로이 유민이 정착할 다른 땅을 찾아 떠난다. 이것이 베르길리우스의 서사시 〈아이네이스〉 전반부의 내용이다.

〈아이네이스〉는 로마 최고의 시인이며 시성이라 불렸던 베르길리우스가 황제의 명에 따라 집필하기 시작한 대서사시다. 그는 아이네아스를 주인공으로 하여 로마 건국사를 서술한다. 그에게 저술을 권한 것은 로마 초대 황제인 아우구스투스(생전엔 옥타비아누스)였다. 베르길리우스는 황제의 가문 율리우스가 아이네아스의 아들 아스카니우스(=이울루스Iulus)의 후손이라는 설도 있고 해서 아이네아스를 주인공으로 삼은 것이라 알려져 있다.

예언의 땅 라티움: 아이네아스와 라비니아

트로이를 떠난 이후 아이네아스는 아프리카의 카르타고를 거쳐 이탈리아의 라틴 땅에 도달한다. 그는 이미 저승을 여행하면서 그가 미래에 통치할 곳에 대해 예언을 받았으며, 라티움이 그 약속의 땅이라고 확신한다. 라티움의 왕 라티누스Latinus는 아이네아스가 부하들을 이끌고 왔을 때, 자신이 받은 신탁에 따라 이 이방인들에게 왕위와 그의 딸 라비니아를 내주고자 했다. 그러나 라비니아의 약혼자라 자처하고 있던 투르누스는 이에 반발하여 주변 부족들을 모아 그를 공격한다. 이렇게 트로이의 이방인들과 라틴족 연합 사이에 전쟁이 벌어진다.

우리에게도 익히 알려진 영웅들이 등장하는 트로이전쟁과 달리, 라틴에서의 전쟁의 주역은 생소한 인물들이다. 이름만 들어도 쟁쟁한 이들이 모였던 트로이전쟁에 비하면 라틴에서의 전쟁은 보잘것없게 느껴질지도 모른다. 그러나 베르길리우스는 변함없이 뛰어난 언변으로 라틴 땅의 전쟁을 서술한다. 예를 들면 이런 식이다.

"에우뤼알루스가 죽어 나뒹굴며 아름다운 사지 위로
피가 흘러내렸고, 목덜미는 어깨위로 축 늘어졌다.
그 모습은 자줏빛 꽃이 쟁기날에 잘려 나가며 시들어지거나,
아니면 양귀비꽃들이 소나기의 무게를 이기지 못해
목덜미를 늘어뜨리며 고개를 숙일 때와도 같았다."

다른 부족에게 원군을 요청하고, 수많은 사람들이 죽고, 그런 과정을 거쳐, 마침내 아이네아스와 투르누스가 일대일

대결을 벌이게 된다. 라비니아의 결혼 때문에 일어난 전쟁이고, 전쟁을 마무리 짓는 것은 결혼 상대자였던 두 사람의 문제이기 때문이다. 대결에서 완전히 패배한 투르누스는 항복하며 아이네아스에게 뜻대로 하라 말한다. 아이네아스는 항복을 받아들이며 그를 놓아주려다가, 그의 어린 동료 팔라스의 황금 검대를 투르누스가 두르고 있는 것을 본다. 투르누스는 그 소년을 죽인 후 검대를 그 전리품으로 삼았던 것이다. 아이네아스는 분노에 차서 그를 죽여버린다.

전쟁은 트로이인의 승리로 끝난다. 그들은 이방인에서 아버지 왕이 된다. 아이네아스의 아들 아스카니우스는 알바 롱가를 건설하는데, 이 도시가 로마의 전형이 된다고 한다. 로마의 조상이기에 그들은 고결하고, 영웅적이며, 시로 찬미될 가치가 있었던 것이다. 그러나 〈아이네이스〉는 투르누스의 죽음으로 끝이다. 베르길리우스는 서사시를 완성하지 못하고 사망한다.

〈라비니아〉의 라비니아

"…내 어머니는 미쳤지만, 나는 아니었다. 아버지는
늙었지만, 나는 젊었다. 스파르타의 헬레네처럼, 나는

전쟁을 초래했다. 헬레네는 그녀를 원한 남자들이 그녀를
갖도록 내버려둠으로써 전쟁을 초래했다. 나는 남에게
주어지거나 남이 갖도록 하지 않고 나의 남자와 내 운명을
택하려 했기에 전쟁을 초래했다. 그 남자는 유명했으나,
내 운명은 세상에 알려지지 않았다. 그러니까 나쁜 균형은
아니다."

- 〈라비니아〉 12쪽

라비니아는 기록에 거의 남지 않았다. 시인이 찬양한 것은
영웅이었다. 라비니아는 그의 서사시에 별로 중요한 인물은
아니었다. 아이네아스는 라비니아와 결혼한 지 3년 만에 죽었
다. 베르길리우스는 라비니아에게 "납필에 그린 듯한 흐릿한
인상" 이상을 할애하지 않았다. 그들의 결혼은 트로이인들이
자리 잡기 위한 조건일 뿐이었다. 하지만 그녀는 아이네아스
가 죽은 후에도 전쟁을 견디며 살아남았다. 르귄은 라비니아
를 위해 새로운 서사시를 쓴다. 라비니아의 말을 빌려 시인은
그녀에게 사과를 전한다.

라비니아는 강한 인물이다. 그리고 현명하다. '경건함'은
작중 되풀이되어 나오는 단어인데, 이 경건함은 라비니아가
일상 속에서 기록하는 제례와 상징을 통해 형상화된다. 르귄

이 신화를 풀어내는 능력이 얼마나 탁월한지, 우리는 그 신을 전혀 믿지 않으며 이름조차도 낯설지만, 등장인물들의 행동으로 인해 그 안에는 경건함이 깃들게 된다. 그녀가 남자였다면 신성한 소금을 정결히 하는 일이나 사람들의 마음이 움직이는 방식을 기록하는 대신 싸움과 경쟁으로 지면을 채웠을 것이다. 그 이야기는 아이네아스의 경건함이 전쟁과 승리로 향했던 것처럼, 이름만 다른 영웅신화가 되었을 것이다.

그러나 그녀는 사제이자 공주였고, 여왕, 피보호자, 어머니였다. 장대 끝에 묶인 비둘기였고, 새끼를 기르는 암늑대였다. 남자의 전쟁은 적의 목을 베고 칼을 찔러 넣는 것이지만, 라비니아가 겪은 전쟁은 훨씬 폭이 넓다. 전쟁이 벌어지면, 평원에 나가 창을 던지고 고함을 지르는 대신 도시에서 부상자들을 돌보는 게 여자의 역할이었다. 그녀는 전쟁의 열기에 휩쓸리지 않았다. 부상자를 맞으며 무기가 인간에게 하는 짓을 보았다. 남자들은 그들에게 당장 중요한 것만 보았고, 그들에게 주어진 시간은 너무 짧았다. 그들은 운명적인 싸움을 벌였지만, 라비니아는 더 오래 살았다. "나는 죽지 않을 것이다. 죽을 수 없다. (…) 시인은 나에 대하여 죽기에 충분한 삶을 노래하지 않았다. 그는 나에게 불멸을 부여했을 뿐이다."(430쪽)

베르길리우스는 〈아이네이스〉를 끝내지 못했다. 그는 그

시가 불완전하다고 생각했고, 이를 끝맺지 못한 채 죽었다. 미완성의 한끝은 라비니아에게 있다. 그는 라비니아를 이해하지 못했다. 시는 전쟁과 죽음으로 끝나지만 그것은 라비니아에게는 끝이 아니었다. 그렇기 때문에 시가 시인의 손을 떠난 지금, 라비니아는 진실 속의 반란, 역방향의 해석을 가능케 하는 암시로 기능한다.

그녀는 싸우기를 두려워하지 않았다. 해야 할 일을 아는 그녀는 담담하고도 단호하게 선언한다. "아버지, 저는 제가 해야 할 일을 알아요. 그리고 할 거예요. 어머니는 저를 막지 못할 것이고 전쟁을 위해 소리치는 왕국의 모든 사람들도 저를 막지 못할 거예요."(209쪽) 그 전쟁은 아이네아스의 전쟁과는 다른 양상의 것이다.

영웅과 살인마: 전쟁에 대한 의문

"그 영웅이 누구죠?"

"당신은 그 영웅이 누구인지 알잖아요."

"그는 도살자처럼 사람을 살해해요. 그가 왜 영웅인가요?"

"그가 해야 할 일을 하기 때문이지요."

"왜 그가 무력한 인간을 죽여야 하지요?"

"그것이 제국의 기초가 세워지는 방식이니까요."

– 〈라비니아〉 149쪽

베르길리우스의 시는 아이네아스의 경건함, 영웅적 승리, 그 위대함에 의문을 제기하는 듯한 장면에서 갑작스럽게 끝난다. 시가 쓰인 애초의 목적이 역사를 구성하기 위함이었던가? 아우구스투스라는 영광된 이름을 받은 황제에게 그의 국가가 어떻게 건설되었는지 전하기 위한 것이었던가? 역사는 전쟁으로 이루어져 있다. 전쟁은 죽음과 죽은 사람의 이름으로 이루어져 있다. 베르길리우스가 연달아 일어나는 무수한 죽음을 서술하는 솜씨는 실로 훌륭하다. 그러나 시인은 서사시의 막바지에서 회의에 빠졌던 듯하다.

"당신이 말한 것처럼, 그 시는 살인으로 끝납니다.
투르누스의 죽음으로요. 무얼 위해서 그랬을까요?
투르누스에 대해서 누가 신경 쓴다고? 세상은 죽고
죽이는 데 열중한 잘생기고 겁 없는 젊은 사내들로 가득
차 있어요. 어떤 전쟁이라도 그런 이들이 모자라는 법은
없지요."

– 〈라비니아〉 106쪽

영웅은 고결한 이였다. 시인이 관심을 기울일 가치가 있었다. 〈라비니아〉의 아이네아스는 고결함 자체에 의문을 갖는다. 트로이부터 아프리카까지, 저승에서 라티움까지, 그는 해야 할 일이 무엇인지 잘 아는 남자였고, 그의 운명은 전쟁과 죽음의 옆을 걸었다. 싸워야 할 때가 되면 그는 분노에 취해 누구보다도 날뛰었다. 우리의 안내인 라비니아는 그의 갈등을 숨기거나 찬미하지 않고 그대로 우리에게 전달한다.

"만약 그가 전투의 분노를 그의 경건함의 적으로, 그의 보다 나은 자아를 압도하는 순간적인 분노로 볼 수 없다면, 만약 그가 투르누스를 죽인 것을 치명적인 한순간의 마음의 혼란으로 볼 수 없다면, 그 분노를 자신의 참된 본성의 일부, 사물의 바른 질서의 일부로 보아야 했다. 그가 지지하고 봉사하고 지키기 위해 인생을 바쳐온 질서 말이다. 그가 투르누스를 죽인 것을 그 질서가 옳은 행동이라고 받쳐준다면, 질서 자체는 옳은 것일까? 투르누스의 죽음은 아이네아스의 대의의 승리를 확실하게 해주었지만, 인간 아이네아스에게는 치명적인 패배였다. 투르누스를 칼로 찌르며 아이네아스는 그 살해를 희생이라고 불렀다. 그러나 무엇의, 무엇을 위한 희생인가?"

- 〈라비니아〉 303쪽

한 명을 죽이면 살인이고, 천 명을 죽이면 영웅이라 했다. 그렇다면 영웅 아이네아스의 위대함은 살인의 반복일 뿐이라고 해체할 수 있다. 그에겐 대의가 있었고 정의가 있었으나, 그가 죽인 한 사람 한 사람이 모두 반드시 죽여야 할 사람은 아니었다. 그는 투르누스를 살려 보낼 수도 있었다. 하지만 그는 투르누스를 죽였고, 그 행위는 정의와 질서 안으로 편입되었다. 그렇다면 아이네아스가 따르던 질서라는 경건함이란 상당히 자의적인 것이다. 경건함에 대한 회의는 여기서 온다. 그러나 경건함은 그의 삶의 목표이자 궤적이었고, 아이네아스 자신의 역사였다. 아이네아스는 시인의 입을 빌려 말한다. "내가 지금의 나인 것은 내가 죽인 사내들 때문인가? 내가 투르누스를 죽였기 때문에 아이네아스인 것인가?"(347쪽)

이 고민은 전달자가 아이네아스 아닌 라비니아이기에 〈아이네이스〉와는 다른 의미를 갖는다. 베르길리우스에게는 영웅과 전쟁이 역사였고, 죽음에 회의를 품자 그는 더 나아가지 못했다. 아이네아스의 의문에 해답을 내지 못했기 때문에 그의 시는 미완성이다. 르귄의 라비니아에게는 전쟁과는 다른 종류의 역사가 있다. 〈라비니아〉는 베르길리우스의 역사에서 한 걸음도 벗어나지 않지만, 그녀의 이야기는 서술되지 않은 틈새를 메우며 역사의 범위를 확장한다.

"이 이야기는 전혀 아이네아스의 이야기를 바꾸거나 끝맺고자 하는 시도가 아니다. 이것은 그의 이야기 속에서 부수적인 등장인물이 제안하는 사색적인 해석, 즉 어떤 암시의 전개이다."

해답은 여전히 없다. 그러나 가능성은 있다. 이 다시 쓰기는 충분히 전복적이다. 〈라비니아〉를 읽는 것은 〈아이네이스〉 다시 읽기이기도 하다.

이야기: 재구성된 진실

"사물의 진실이란 여러 세기에 걸쳐 꾸준히 형성된 것이다. 진실은 결코 단순한 사실적 경험이 아니며, 모든 경험들 중에서 가장 역사적인 것이다. 과거에 시인이나 역사가들이 각 군주의 이름과 족보가 잘 갖춰진 왕조의 역사를 온통 상상으로 꾸며낸 때가 있었다. 그들은

위조자도 아니었고 무슨 불온한 신념에서 그런 것도
아니었다. 그들은 당시로서는 아주 정상적인 방식에 따라
진실에 도달하려고 했을 따름이다."

                    – 폴 벤느, 〈그리스인들은 신화를 믿었는가?〉

　시인의 이야기는 시이기도 하지만 역사이기도 했다. 고대
의 역사가들은 마치 기자가 자신이 이해한 현실을 글로 써내
려가듯 역사를 서술했다. 역사가들은 들은 이야기를 토대로
자료를 수집했고, 출처를 표시하는 대신 해석 과정을 거쳤다.
자신이 이해한 바에 대해 전문성과 자부심을 가지고 서술했
다. 사실이 지배하는 시대는 이야기가 틈을 비집고 들어가야
하지만, 고대에는 이야기가 진실의 자리를 차지한다. 우리가
아는 트로이전쟁은 역사가 아니라 겹겹이 쓰인 이야기로 형
성된 것처럼 말이다. 〈아이네이스〉가 로마 건국 이전의 이야
기/역사라면, 〈라비니아〉는 어떻게 받아들일 수 있을까?
　〈라비니아〉에 등장하는 시인 베르길리우스는 실존 인물
베르길리우스가 아니다. 로마의 그 위대한 시인은 〈신곡〉에
등장해 단테를 안내하진 않았을 것이기 때문이다. 〈신곡〉의
베르길리우스는 단테가 재구성한 인물이다. 르귄은 라비니아
와의 대화 중에 그가 단테의 안내인 역할을 했음을 천연덕스

럽게도 끼워 넣는다. 이를 통해 말하는 것은, 사실을 주춧돌로 삼아 새로운 진실을 만들어내는 방법이다. 바로 우리가 아는 이야기다.

라비니아가 정말로 어떤 인물이었을지는 모르는 일이다. 실제 그녀는 라틴어로 말하고 청동기 시절의 사람으로 행동했을 것이다. 2,000년도 훨씬 전에 이미 죽은 사람이기도 하다. 그러나 로마 이전의 라비니아, 베르길리우스의 흐릿한 라비니아, 르귄이 다시 쓴 현대의 라비니아는 시대를 무시하고 혼용된다. 겹겹이 중복되는 서술을 통해 라비니아는 불멸의 모호한 존재가 된다. 이 인물이 실제 역사와 동일하지 않을 것이라는 점은 중요하지 않다.

라비니아는 이야기 속에만 존재하지만, 지금도 충분한 호소력을 지닌 화자이기도 하다. 이야기는 죽음을 초월한다. "이해하는 것은 죽어 있는 것과 상관없다. 우리가 서로를 이해하도록 해주는 것은 죽음이 아니라 시이다." 이야기는 불멸이다. 그것은 모호하기에 언제나 다시 쓰일 여지가 있고, 기회를 얻을 때마다 거듭 되살아난다. 라비니아는 훌륭한 안내인이었다. 마지막으로 그녀의 말을 전한다.

"우리 모두는 불확실한 존재이다. 적개심은 어리석고

옹졸하며, 분노조차 부적당하다. 나는 바다 표면에 하나의 빛나는 점일 뿐이며, 샛별에서 뻗어 나오는 어렴풋한 반짝임일 뿐이다. 나는 경외감 속에서 산다. 내가 살아 있지 않다면, 그래도 나는 바람을 타는 말없는 날개, 알부네아 숲 속에 형체 없는 목소리이다. 나는 말한다, 그렇지만 내가 할 수 있는 말은 이것뿐이다. 가라, 계속 가라."

- 〈라비니아〉 116쪽

당신 안에 숨 쉬는 소년에게
〈소년시대〉
1991, 로버트 매캐먼

〈소년시대 1: 봄, 여름〉 ⓒ검은숲

로버트 매캐먼은 1952년에 태어난 미국 작가로, 국내에서는 낯선 이름이지만 미국에서는 교재로도 널리 실리는 명

망 있는 작가다. 대표작인 〈스완 송〉은 스티븐 킹의 〈미저리〉
와 함께 1회 브램 스토커상을 수상했다. 1978년 〈바알Baal〉
로 데뷔한 이후 주로 호러, 판타지 분야에서 활동했다. 1980
년대까지 가장 인기 있는 호러 작가 중 하나였으나 이후 호러
만이 아니라 SF, 미스터리, 역사소설, 성장소설 등 다양한 분
야의 작품을 발표했다. 브램 스토커상에는 여덟 차례나 이름
이 올랐으며, 현재 발표한 16권의 작품 중 10권이 〈뉴욕 타임
스〉 베스트셀러에 오른 바 있다. 그 10권이란 작가로서 이름
을 떨친 〈스완 송〉 이후의 거의 모든 작품들로, 실상 초기 호
러·판타지 소설 이후 써낸 책 대부분이 베스트셀러가 된 타고
난 이야기꾼이라 할 수 있다.

〈소년시대〉는 1991년에 쓰인 자전적 소설로, 브램 스토
커상과 월드 판타지상을 동시에 수상했으며 세계 17개국 언
어로 번역 출간되었다. 미국에서는 전국의 고등학교에서 대
대적으로 교재로 활용되고 있다. 국내에는 1993년에 〈아무도
어른이 되지 않는다〉는 제목으로 소개된 적이 있다.

〈소년시대〉가 수상한 두 상에 대해서도 간략히 소개하는
편이 좋을 것 같다. 브램 스토커상은 호러 작가 연합의 투표
에 의해 수여되는 상으로, 무익한 경쟁을 피하기 위해 "한 해
의 최고 작품best of the year"이 아니라 "뛰어난 성취를 이룬 작

品superior achievement"에 중점을 두고 선정한다. 호러라고 해도 우리가 생각하는 전형적인 공포물이 아니라 미스터리, 스릴러, 디스토피아 등을 광범위하게 포함한다. 익히 알려진 이름을 들자면, 레이 브래드버리는 〈화씨451〉 등으로 공로상을 받았으며, 〈해리 포터와 불사조 기사단〉은 청소년 부문 상을 수상했다. 그리고 월드 판타지상은 판타지 분야에 수여하는 상으로, 역시 판타지로 엮을 수 있는 모든 작품을 대상으로 한다. 팬들이 선정하는 휴고상이나 작가협회가 선정하는 네뷸러상과 달리 소수의 심사위원에 의해 선정되는 것이 특징이다. 소수의 전문가가 선정하므로 대중적으로 알려지지 않았지만 뛰어난 작품을 발굴할 수 있는 것이 장점이며, 인기 있는 분야가 아닌 작품 중에서도 폭넓게 수상작을 고른다. 상패로는 H. P. 러브크래프트를 기리는 의미로 러브크래프트 흉상을 수여한다. 결론적으로 두 상 모두 판매도보다는 작품의 질을 중시하며, 이를 동시에 수상했다는 것은 〈소년시대〉의 뛰어난 완성도를 방증하는 것이다.

마법의 시작

호러소설을 쓰던 사람이 감동적인 판타지, 혹은 자전적 소설을 쓴다면 어떤 책이 나올까? 처음 〈소년시대〉를 받아 들었던 출판사의 반응은 시원찮았다고 한다.

　　"릭, 있잖아요. 음…… 저기…… 그 소설 말인데요.
　　정말로 잘 읽었고요. 다 좋은데, 하지만…… 그렇잖아요.
　　이야기는 사실 살인 사건에 대한 건데, 자전소설처럼
　　보이게 쓰셔서 독자들이 갈피를 못 잡을 것 같거든요?
　　그러니까… 그 마을 얘기며 사람들 얘기는 다 잘라내시고,
　　살인 사건에만 초점을 맞춰주셨으면 하는데요."
　　"뭐라고요? 죄송한데요, 그…… 저는…… 음, 전화에 뭔가
　　문제가 있나 봅니다. 어, 죄송합니다. 잠시만요."

　　살인 사건에 집중하라는 말은 작가가 호러로 이미 명성
을 쌓았다는 점을 고려해서 나온 답변일 것이다. 실제로 살인
사건과 그 해결이 전체 이야기의 뼈대를 이루긴 하지만, 〈소
년시대〉의 구조는 미스터리 스릴러로 읽기에는 굉장히 느슨
하다. 숨 막히는 추적 대신 주인공 코리가 전하는 행복하다면
행복한 마을 제퍼의 이야기가 〈소년시대〉의 공기를 채운다.
　　그는 한창때 소년답게 매일의 삶에 충실하며, 살인 사건이
아니라도 관심과 열정을 쏟을 일이 잔뜩 있다. 다만 평화로운
일상에 던져진 살인 사건이란 과제는 그가 사건이 진행되는

일련의 흐름을 끈질기게 파고들어가도록 이끈다. 사건의 해결 과정은 그를 한층 성장시키고, 그가 작가가 되기로 마음먹는 계기로 작용한다. 그렇기에 코리는 그가 사랑하는 수많은 이야깃거리 중 살인 사건을 이야기의 처음과 끝으로 삼는다. 이는 한 시골 소년이 늘어놓는, 마법이 이루어지는 세계에 유기적인 연결성과 현실감을 부여하는 무게 추가 된다.

코리는 마법의 힘을 믿는다. "나는 마법의 시대에, 마법의 동네에서, 마법사들 사이에서 나고 자랐다. 아, 다른 사람들 대부분은 우리가 가능성과 현실이라는 은빛 실로 엮인 마법의 거미줄 속에서 살아가는 줄 꿈에도 모르고 있었지만 나는 알고 있었다. 열두 살이 되었을 때 세상은 내 마법의 등불이었고 그 반짝이는 초록색 정령은 과거, 현재, 미래를 내다보았다." 세상의 모든 사람들은 태어날 때 마법을 가지고 태어난다. 다만 성장하면서, '나잇값 좀 해라', '철 좀 들어라'라는 잔소리를 들으면서, 혹은 매를 맞으면서 교육을 받으면서 그 마법이 말라 죽어버리는 것이다.

마법이 사라지고 나면 다시는 되찾을 수 없다. "삶 자체부터가 우리에게 마법의 추억을 빼앗아 가려고 갖은 애를 쓴다. 그렇게 빼앗기는 줄도 모르고 있다가 어느 날 문득 뭔가를 잃어버렸다는 느낌이 드는데 정확히 뭘 잃어버렸는지는 알 수 없는 때가 온다." 그걸 모르는 아이들은 하루라도 빨리 나이를 먹어서 어른이 되고 싶어 하지만, 어른이 된 우리가 보기에 그게 좋은 일이던가?

코리는 어른이 되지 않는다. 사랑하는 개를 안락사 시켜야 할 때, 그는 어른들 말대로 죽음을 받아들이지 않는다. 아이답게 진심으로 매달린다. 살려달라고, 죽으면 안 된다고. 그리고 개는 정말로 죽지 않는다. 이건 애들 같은 상상이 아니라 실제로 일어나는 마법이다. 여름방학을 기뻐하며 초원을 달려가는 소년들의 등에서는 날개가 돋아나고, 자전거 '로켓'은 이따금 금색 눈을 깜박인다. 이 모든 것을 저자가 너무나 천연덕스럽게 현실화하기에 마법이 일어나도 당연하다고 생각하게 된다. 이를 단지 환상적인 은유라고 이해해서는 안 된다. 애들의 시각이니까 마법이 일어나는 것처럼 보이는 거라고, 어른이 되고 나면 그런 아름다움은 쓸모없는 것이라 읽는다면, 영영 마법을 경험해보지 못할 것이다.

어른들도 마법에 동참할 수 있을까? 소년 시절은 이미 사라져버렸는데? 시간의 흙을 뒤집어쓴 어른들은 이미 딱딱하게 굳어 아이와는 전혀 다른 존재처럼 보인다. 어른들은 더 이상 뛰고 구르며 놀지 않고, 시계며 목걸이, 구두를 걸치고 점잖게 굴고자 한다. 하지만 통장 잔고의 숫자를 이해하고 혼자서 밥을 챙겨 먹는 어른이 되더라도, 누구든 마음 깊은 곳에는 아직 어린아이가 숨어 있다. 누구든 마음 깊은 곳에서는, 집에 가면 이것저것 다 챙겨주고 무슨 짓을 하더라도 사랑해주는 엄마 아빠가 있었으면 좋겠다고 생각한다. "아이들은 빨리 커서 어른이 되고 싶어 하지. 그러다가 정말로 어른이 되면 다시 아이가 되고 싶어 해. 하지만 코리, 아무도 어른이 되지 않는 거란다." 그냥 어른처럼 행동하게 된 것뿐이다.

시간이 흘러도 마법의 금빛 연못에 발을 담글 수 있는 방법은 기억을 간직하는 것이다. 무엇을? "모든 것을. 무엇이든 간에. 단 하루라도 그냥 넘어가지 말고 뭔가를 꼭 기억하도록 해. 그 기억을 보물처럼 마음 깊이 간직해두렴. 그건 정말로 보물이니까. 추억은 소중한 비밀의 문이란다." 그것이 나이가 아무리 들어도 어른이 되지 않는 방법이다. 그리고 아이의 마음으로 마법을 부릴 수 있는 비결이기도 하다. 추억을 잘 간직한다면 시간의 흐름에도 끄떡없이 마법을 다시 부리고 싶을 때마다 언제라도 꺼낼 수 있다. 그래서 우리는 알고 기억해야 한다.

과거의 기록, 현재의 폭

과거를 꼭 붙잡아야 하는 이유는 한 가지 더 있다. 코리의 말을 빌려 말하면, 내가 누구였고 어디에 살았는지 담겨 있는 그 기억이, 여정이 끝나고 난 뒤 내가 어떤 사람이 될지 결정 짓는 데 큰 역할을 한다. 과거를 잃어버린 사람은 미래 역시 찾을 수 없다. 누구나 자기가 과거에 어디에 있었는지, 어디서 왔는지 알아야 한다. 이는 비단 어린 시절만을 말하지는 않는다. 부모 세대의 기억, 할머니 할아버지의 기억, 조상에 대해 전해지는 이야기들을 포괄한다. 과거의 기억은 '나'에게 귀결되는 작은 범위의 역사다. "귀부인"은 더 나은 현재와 미래를 위해 과거를 보관한다.

> "위로 올라가지 않으면 출구도 없소. 읽기, 쓰기, 생각하기.
> 바로 이 세 가지가 위로 올라가서 밖으로 나갈 수 있는
> 사다리예요. 징징거리기, 괴로워하기, 심적인 노예근성은
> 쓸데없소. 그건 '왕년엔 그랬지'라는 말만 곱씹는 행동일
> 뿐이니까. 이제는 새로운 세상이 되어야 해요."

복잡하고 어렵게 생각할 필요는 없다. 일기도 좋고, 책을 뒤적이는 것도 좋고, 사진을 찍거나 이야기를 듣는 것도 좋다. 그저, 지금의 당신이 현재라는 일순간에만 살아 있는 것이 아니라 과거에서 미래까지 세대를 거듭해 이어지는 존재라는

것을 잊어버리지 않으면 된다.

서문에는, 이 책을 함께 묻어달라고 했던 노인의 이야기가 나온다. 저자가 요약해서 전하는, 딸이 보낸 편지에 따르면 "아버지는 그 책을 몇 번이고 거듭해서 읽었다고 한다. 하도 많이 읽어서 그건 이제 책도 아니게 되었다고. 변함없는 친구가 되었다고." 짧은 문장에서도 그 노인이 어떤 심정으로 이 책을 읽었는지가 묻어 나온다. 그리고 노인은 분명 마법을 느꼈을 것이다.

결국, 〈소년시대〉의 매력은 마법이다. 나이에 상관없이 어른이 되지 않은 소년이 풀어놓는 마법. 여기에는 나도 당신도 누구든 어릴 적에 품었을 마법을 잠시나마 되살리는 효과가 있다. 심지어 코리와 같은 소년 시절이 아예 없었더라도 덩달아 가슴을 두근거리게 하는 힘이 있다.

마지막으로 독자들을 초대하는 작가의 말을 전한다.

"〈소년시대〉를 처음 보는 독자라면, 부디 즐겁게 읽었으면 좋겠다. 존재하는지도 몰랐던 장소, 혹은 존재하는 줄 잊고 있었던 장소로 여행을 떠날 수 있기를.
두세 번째 읽는 독자라면, 제퍼로 돌아온 것을 환영한다.
코리의 삶과 그 아이의 세상으로. 영원한 여름날로,

위대한 비밀로, 감춰진 장소로 그리고 우리 모두의
마음속에 있는 마법으로. 그 마법은 지금도 몸을 웅크리고
곯아떨어진 채 가장 친한 친구가 집에 오기를 기다리고
있는지도 모른다."

당신 안에 숨 쉬는 소년에게도 이 글이 전해졌으면 한다.

〈스타트렉〉의 평행 우주가
특별한 이유

거대한 시리즈를 움직일 때 평행 우주 개념은 매우 유용한 장치다. 평행 세계라는 단어만으로 설정 충돌은 걱정할 필요가 없다. 다중 세계의 수많은 동일 인물, 타임 패러독스, 차원의 틈새 등등은 모두 평행 우주 개념을 차용할 경우 활용 가능한 요소다. 수많은 시나리오작가들이 평행 우주란 말에 손이 근질거렸을 거다.

세계 최장수 SF드라마인 〈닥터 후〉의 주인공 닥터는 시간과 우주를 자유롭게 누비는 타임 로드Time Lord다. 그런 만큼 타임 패러독스를 이용한 설정이 중심을 이룬다. 역대 닥터 배우들이 재등장해 다수의 닥터가 한데 모이는 멀티 닥터 에피소드는 시리즈의 특성을 살린 매력적인 작품이다. 이와는 다르게, 아메리칸 코믹스의 대표 주자인 DC와 마블은 전체 프랜차이즈의 유지를 위해 평행 우주를 활용한다. 각기 다른 만화가가 동일한 슈퍼히어로를 자기만의 방식으로 그리기에 세계관 설정이 중구난방으로 흐려질 위험이 크기 때문이다. 이들은 전반적인 흐름은 프랜차이즈 내에서 총괄하되, 세세한 설정 충돌에 대해서는 평행 세계라며 넘어가는 방식을 채택한다.

〈스타트렉〉은 1964년 첫 파일럿을 제작하고, 1966년부터 본격적으로 시작한 드라마 시리즈로, 미래의 우주를 배경으로 한 서부극에 가깝다. 행성 연방인 스타플릿 소속의 우주선이 우주 곳곳을 여행하며 겪는 모험담이 주요 내용이다. 하지만 활극을 중심으로 하는 〈스타워즈〉와는 달리 과학적 검증이 잘되어 있으며 윤리적, 사회적 이슈도 종종 다룬다. 몇십 년간 제작된 이 시리즈는 수많은 드라마와 영화, 게임, 소설로 만들어졌으며, 전 세계에 트레키Trekkie라는 이름의 두꺼운 마니아층을 낳았다. 〈스타트렉〉을 대표하는 우주선 엔터프라이즈호의 이름은 일상 대화에서도 클리셰로 사용될 정도이며, NASA의 첫 번째 우주왕복선 이름 역시 엔터프라이즈호다.

모든 시리즈에 공통된 오프닝 멘트가 있다. 시리즈마다 말은 조금씩 달라지지만 전체 기조는 같다. 그리고 모든 에피소드는 함장의 항해일지로 시작한다. 예를 들면 이렇다. 우주력 XXXX년, 우주선 엔터프라이즈호는 임무 수행을 위해 소행성 '뿌잉뿌잉'으로 향하고 있다. 여기까지가 5분이다. 항해일지에서 문제가 있다고 하지 않는다면, 다음 5분 내에 이런 대화가 나올 확률이 매우 높다. "문제가 발생했습니다, 함장님!" 문제의 종류는 에피소드마다 다르다. "보고하게!" 함장님은 절대로 놀라거나 흐트러지지 않는다. "○○가 나타났습니다." ○○에 들어가는 단어에 따라 '나타났다'는 '발생했다', '접근 중이다' 등으로 대체 가능하다. 시청자들에게는 ○○가 무엇인지 설명이 필요하다. 함장님은 다시 근엄하게 말씀한다. "설명하게!" 이에 대한 대답은 안드로이드 등 똑똑한 캐릭터가 맡는다. 여기까지 또 5분이다. 그리고 초 엘리트 승무원인 그들은 남은 25분 동안 모든 문제를 해결한다. (물론 이는 〈스타트렉〉이 주로 사용하는 이야기 구조를 매우 단순화한 것임을 밝혀둔다.)

흥미롭게도, 〈스타트렉〉은 설정부터 모든 에피소드가 평행 우주에서 벌어지는 것으로 되어 있다. 보통은 각 에피소드가 긴밀하게 이어지지 않는 옴니버스식 작품이라도, 아예 다른 세계에서 일어나는 일이라고 설정하지는 않는다. 〈스타트렉〉은 평행 우주의 다중 세계를 가정함으로써, 수많은 줄기를 낳는다. 물론 어떤 에피소드들은 같은 평행 세계에서 일어나며 사건이 연결되기도 한다. 어차피 보는 입장에서는 차이가 없다. 등장인물들이 광대한 우주의 어느 구석에 가 있는지 좌표를 확인할 수도 없다. 다만 〈스타트렉〉은 대범하게도 평행우주를 기본 전제로 채택하여, 모든 가능성이 실현 가능하다는 여지를 둔다.

지극히 유물론적인 세계관을 바탕으로, 〈스타트렉〉의 등장인물들도 양자적 평행 우주의 존재를 당연하게 생각한다. 사실 어떤 심각한 문제가 발생하더라도 〈스타트렉〉의 주인공들은 당황하지 않는다. '설마, 그럴 리가' 같은 의심은 없다. 그들은 우주를 탐험하기 걸맞은 열린 사고방식의 소유자다. 갑자기 우주가 뭉개지고 중첩되더라도 얼마든 가능한 일이니 바로 지금 일어나는 것도 가능하다는 식이다. 평행 우주의 시간 꼬임은, 휴가가 취소되거나 미확인 생명체를 만나는 데 비해 딱히 큰일도 아니다. (당연히, 작은 일도 아니다.) 심지어 그런 일은 스타플릿 아카데미에서 이미 배웠다는 대사마저 한다.

평행 우주 자체를 중요한 축으로 삼는 에피소드도 심심찮게 등장한다. 처음 방영한 오리지널 시리즈와, 같은 시대를 다루는 시리즈 〈스타트렉: 딥 스페이스 9, 엔터프라이즈Deep Space 9, Enterprise〉에는 본래 우주의 거울상Mirror universe이 여러 차례 나온다. 역사가 조금씩 다르기 때문에 본래의 인물이 거울상에서는 아예 태어나지 않았거나, 죽었던 인물이 거울상에서는 살아 있거나 한다. 본래 세계에서는 자유로운 행성 연방이 설립되었지만 거울상에서는 다른 행성들을 정복한 제국이 세워졌으며, 따라서 이쪽이 보다 어둡고 공격적이다.

연대기상으로 가장 마지막인 〈스타트렉: 보이저〉 시리즈에서는 평행 세계의 꼬임과 중첩으로 인해 보이저호가 둘로 나뉘어 버리는 사건이 발생한다. 인물은 두 명씩이지만 우주선 고장 때문에 어느 한쪽을 포기해야만 다른 하나가 살아남는다. 어느 쪽을 포기해야 하는지를 두고, 보이저호의 두 함장은 대차게도 서로 자폭하겠다고 싸운다. 그녀(그가 아니다!)는 현실주의자이며 분명 유물론자다. 살아남기로 결정된 함선에서는 죽은 승무원을 자폭할 함선에서 보충한다. 다른 평행 세계에서 온 승무원이지만 아무렇지 않게 받아들인다. 그게 〈스타트렉〉이다.

2009년 개봉한 영화 〈스타트렉: 더 비기닝〉은 시리즈의 11번째 영화다. 다른 영화들은 시리즈의 연장선상이지만, 이 영화는 〈스타트렉〉을 전혀 보지 않은 사람도 즐길 수 있는 리부트reboot 영화다. 40년 가까이 쌓인 시리즈를 리부트하면서도 기존의 이야기를 뒤엎지 않고 전혀 새로운 이야기를 만들기 위해, 감독은 평행 우주 개념을 적극적으로 도입한다. 기존 시리즈팬들의 반발을 원천 봉쇄하며 전혀 모르는 사람도 즐길 수 있도록 말이다. 배우들은 새로운 얼굴이지만 함장 커크, 부함장 스팍 등의 캐릭터는 여전하며, 오히려 달라지는 배경에 따라 재해석된다. 그래도 오리지널 시리즈의 팬들이 이 영화를 사랑할 수밖에 없는 요소가 있다. 감독은 영리하게도 다른 평행 세계에서 온 늙은 스팍, 오리지널 시리즈에서 진짜 스팍이었던 전설적인 배우 레너드 리모이를 등장시킨다. 그가 왔을 때 〈스타트렉〉 시리즈를 사랑해서 출연을 청한 이들이 촬영 중에 모두 환호성을 올렸다는 훈훈한 이야기가 있다.

SF로서의 〈스타트렉〉 시리즈는 배경이 먼 미래의 우주라는 점을 이용해 검열과 편견을 피해 상대적으로 자유롭게 문제의식을 표현했다는 데 큰 의의가 있다. 외계인을 통한 인종 문제, 다른 행성의 색다른 관습과 그로 인한 갈등, 폭력에 대한 회의, 안드로이드나 혼혈 캐릭터가 품는 인간성에 대한 의문 등이다. 이런 모습으로 사회적, 윤리적 문제를 적극적으로 풀어냄으로써 〈스타트렉〉은 현실적이고 깊이 있는 작품이 되었다. 또한 흑인이나 동양인, 여성 배우를 중요 인물로 캐스팅하여 당시로는 매우 파격적이고 진보적인 모습을 보였다. 같은 맥락에서, 작품 전반에 뚜렷하게 드러나는 유물론적 세계관은 인류가 야만을 벗어난 시대에 어울리는 열린 사고방식으로 작용한다. 유물론 자체가 열린 사고방식인지는 알 수 없지만, 우주여행이 가능한 시대의 〈스타트렉〉에서는 분명 그렇게 작용한다. 따라서 〈스타트렉〉은 평행 우주라는 설정을 능란하게 활용하는 방법을 개척했을 뿐만 아니라, 다른 세계와 접촉할 때 필요한 문제의식과 가치관까지 전달한다. 평행 세계든, 거울상이든, 다른 문명이든 말이다. 이를 이해하는 모든 이에게 '장수와 번영을("Live long and Prosper")' 전한다.

03 몰락하는 미래, 반발하는 SF

SF로 읽는 책의 미래

1. SF의 세계는 변화와 혁신을 전제로 한다. 기술의 발달로 인한 사회의 변모는 유토피아로도 디스토피아로도 나타나지만, 변화 그 자체는 당연한 일로 여겨지기에 이에 대한 찬성/반대는 없다. 발표하는 작품마다 상을 휩쓰는 SF 작가 테드 창도 그렇게 말하지 않았는가. 판타지는 원상태로 돌아가는 것이 결말이지만 SF는 결과의 좋고 나쁨에 관계없이 세계가 변화한다고. SF의 세계관에서 세상은 과거로는 돌아가지 않는다. 변화는 불가피한 조건으로 받아들여진다.

책의 세계에서는 전자책의 등장이 '변화'에 해당할 것이다. 전자책이 보급되기 시작했을 때, 종이책 생존 논쟁이 대두되었다. 많은 이들이 종이책이 정말로 사라질 위험에 처했다고 했다. 그 징조는 이제 현실적인 수치로 나타나고 있다. 실제로 2011년 4월 아마존의 전자책 판매량은 모든 종이책 판매량을 넘어섰다. 양장본과 문고본 판매량을 전부 합친 판매량보다 전자책이 더 많이 팔린단 얘기다. 아마존이 전자책 서비스를 시작한 지 4년 만에 일어난 일이다. 랜덤하우스, 펭귄 등의 출판사 역시 전자책 판매의 성장률이 세 자릿수에 달한다고 보고했다. 국내에는 킨들이나 누크 등의 전자책 리더기가 거의 보급되지 않았고, 전자책의 포맷 역시 표준화되지 않았다. 그럼에도 전자책은 스마트 기기의 보급과 함께 온라인 안에 자리를 확실히 잡았다.

전자책시장의 성장은 종이책의 판매 부진과 궤를 같이한다. 반스 앤 노블은 1970년대부터 출판업을 해온 오래된 기업으로 서적 유통과 출판으로는 미국 최대라는 자리를 점하고 있다. 2000년대 초 전자책이라는 매체가 등장하며 출판사들이 선택의 기로에 섰을 때, 반스 앤 노블은 종이책시장을 선택했다. 결과는 막대한 적자. 전자책 판매량이 두세 배씩 뛰는 사이에 종이책의 판매량은 급격히 감소했다. 이들은 이제 종이책 사업을 완전히 접고 전자책시장에 매진하겠다고 밝혔다. 출판물의 디지털화는 피할 수 없는 변화다.

전자책은 종이책을 뛰어넘는 독자적인 영역을 개척하고 있다. 2D 횡스크롤 게임과 3D FPS 게임이 완전히 다른 경험을 제공하는 것과 마찬가지다. 〈내셔널 지오그래픽〉 같은 잡지의 경우 시각적 자극을 크게 보충했다. 사진은 자유롭게 클릭이 가능하며, 끝까지 확대해도 픽셀이 튀지 않을 만큼 화질이 좋다. 기사에 덧붙여 관련 내용을 시각 자료로 보충하기도 한다. 지면이 한정된 2차원 종이책으로는 할 수 없는 방법이다. 손가락 하나 움직이면 화면은 회전하고 확대되고 미끄러진다. 전자책이 앞다투어 내놓는 자극은 팝업북보다 훨씬 놀랍다. 그리고 훨씬 싸다.

〈다이아몬드 시대〉 ⓒ시공사

2. 극단까지 발전한 책의 형태가 등장하는 SF로 닐 스티

븐슨의 〈다이아몬드 시대〉(1995)를 꼽을 수 있다. 다이아몬드 시대란, 청동기시대나 철기시대처럼 다이아몬드가 주 역할을 하게 된 미래다. 기술의 발달로 다이아몬드를 유리보다 저렴하게 생산할 수 있게 된 것이다. 국가는 무너져서 사회는 문화권을 중심으로 재형성되었다. 대기 중에 마이트라는 나노봇을 분사하여 정보를 캐낼 수도 있다. 물질의 생산이 너무나도 쉽기 때문에 빈민층은 물질변환기를 통해 식사와 옷을 무료로 제공받는다. 반면 귀족이 걸치는 '명품'은 전통적인 수공예 방식으로 만든 것들이다. 작가는 '다이아몬드 시대'의 모습을 서술하는 데 상당히 힘을 쏟는데, 신기술이 생활에 접목됐을 경우 나타나는 모습과 그에 수반되는 문화와 가치관의 변화를 함께 서술하기 때문에 그 묘사가 매우 구체적이다. 〈다이아몬드 시대〉의 첫 페이지는 다음과 같이 시작한다.

"성 마크 성당의 종소리가 산을 타고 울려 퍼질 즈음 버드는 해골총을 새것으로 바꾸러 모드방 쪽으로 미끄러지듯 다가갔다. 버드가 새로 마련한 멋진 블레이드 스케이트는 몸무게와 에어로 착용 여부에 따라 최고 속도를 시속 100킬로미터에서 150킬로미터까지 낼 수 있었다. 버드는 몸에 착 달라붙는 가죽옷을 즐겨 입었다.

우람한 근육을 자랑할 수 있기 때문이었다. 2년 전에 모드방에 들렀을 때 버드는 나노사이트를 근육 속에 잔뜩 심었다. 이 벌레들은 크기가 아주 작아서 눈에 보이지도 않고 만질 수도 없지만 근육을 팽창시키는 프로그램의 신호를 받아서 근육 섬유에 전기 자극을 주었다. 나노사이트와 함께 테스토스테론 펌프를 팔뚝 속에 심어서 함께 사용하면 체육관에서 밤낮으로 운동하는 것과 맞먹는 효과를 거둘 수 있었다. 물론 진짜로 운동을 하거나 땀을 흘릴 필요는 없다. 다만 강도는 약하지만 근육이 자주 경련을 일으켜서 조금 불편했다."

철기시대와 현대와의 간극보다 더욱 멀찍이 발전한 이 다이아몬드 시대에, 이야기의 중심에 등장하는 것은 바로 책이다. 〈다이아몬드 시대〉의 부제는 '소녀를 위한 그림책'이다. 당연히 현재와 같은 종이책은 아니다. 여기서 등장하는 '책'은 수많은 정보가 들어가는 최첨단 컴퓨터나 다름없다. 과학자 겸 해커이려다 작가가 된 닐 스티븐슨은 미래 기술에 대한 묘사를 능란하게 펼쳐놓는다. 이 '책'을 구성하는 스마트 종이에 대한 묘사를 보자. (첨언하자면, 굳이 이해하려 노력하지 않아도 된다.)

"종이 한 장의 두께는 10만 나노미터에 달하고, 원자 30만 개가 그 사이에 들어갈 수 있었다. 스마트 종이는 두 개의 미디어트론 사이에 무한히 작은 컴퓨터가 네트워크로 연결된 구조로 되어 있었다. 미디어트론은 위치별로 색깔을 변화시킬 수 있는 물건이다. 이런 미디어트론 두 개를 더하면 두께가 종이의 3분의 2 정도였으므로, 그 사이 공간에는 원자 10만 개가 나란히 늘어선 구조물을 집어넣을 수 있었다. (…) 버키볼 내부는 유택틱 환경과 아주 비슷하게 만들어져 있었다. 이곳에 스마트 종이의 핵심 요소인 막대형 논리 회로가 들어갔다. 이런 공 모양 컴퓨터가 유연한 진공 버키튜브 안에서 움직이는 탄력적인 푸시로드 다발을 매개로 네 개의 이웃 컴퓨터에 전후좌우로 연결되었다. 결국 이 종이는 모두 약 10억 개의 각기 다른 프로세서로 구성된 병렬 컴퓨터였다. 각각의 프로세서는 특별히 똑똑하거나 빠르지 않고, 오히려 여러 요소에 매우 민감해서 실제로는 소수의 프로세서만 작동했다. 이런 제약에도 불구하고 스마트 종이는 다른 어느 것보다 훨씬 강력한 그래픽 컴퓨터의 자리를 차지하고 있었다."

'책'은 본래 한 상류층 아이의 교육을 위해 특별히 제작된 것이지만 우연히 이 복제본이 빈민층의 여자아이 '넬'에게 넘어가게 된다. '책'이 책의 형태를 한 컴퓨터나 다른 무언가가 아니라 '책'인 이유는, 그 사용 방법이 전통적인 책과 같기 때문이다. 바로 '읽는' 것이다. 글자를 모르는 넬을 위해 '책'은 내용을 직접 읽어준다. "감미로운 콘트랄토contralto, 여성의 가장 낮은 음역 음조와 매우 세련된 빅토리아인 억양으로" 어머니가 아이에게 그림책을 읽어주듯 말이다. '책'의 내용은 사용자에 맞춰 실시간으로 변화하며 모르는 부분이 나오면 주인의 수준에 맞춰 차근차근 가르친다. 넬이 처음으로 '책'을 읽는 장면은 작중 가장 매력적인 부분이다.

"까마귀가 뭐야?"

넬이 말했다.

책에는 하늘에서 내려다본 섬의 모습이 컬러 삽화로

그려져 있었다. 섬이 회전하면서 아래로 사라지고 바다의

수평선이 나타났다. 한가운데에 까만 점이 있었다.

그림이 이 까만 점을 크게 확대하자 점이 새로 변했다.

'까마귀RAVEN'라는 큰 글자가 그림 아래에 나타났다. 책이

말했다.

"까마귀, 자, 따라 해 보세요."

"까마귀."

"잘했어요! 넬, 참 똑똑하군요. 글자를 잘 읽네요.
까마귀라고 쓸 수 있나요?"

넬이 머뭇거렸다. 칭찬을 받은 넬은 아직도 얼굴이
빨갰다. 조금 있다가 까마귀RAVEN의 첫 글자 R이
깜박였다. 넬이 그 글자를 눌렀다.

글자가 점점 커져서 다른 글자들과 그림을 페이지
바깥으로 밀어냈다. 위쪽의 둥그런 부분이 오그라들어서
머리가 되고 아래로 튀어나온 두 줄이 다리로 변하더니
가위처럼 움직이기 시작했다.

"달리다Run의 R입니다."

책이 말했다. 그림이 계속 변해서 넬의 모습이 되었다.
그리고 보들보들하고 빨간 것이 넬의 발밑에 나타났다.

"넬이 빨간Red 양탄자Rug 위를 달립니다Run."

책이 말하자 동시에 새 단어가 나타났다.

"왜 달려?"

"왜냐하면 화가 난Angry 악어Alligator가 나타났기Appear
때문이에요."

144

이와 유사하게는 북시터 프로그램이 있다. 설명하는 대신 관련 기사를 끌어왔다. "프랑스 학교에서는 프랑스어를 전혀 모르는 큰딸 진아에게 책 읽기 교사를 한 명 붙여줬다. 책 읽기 교사가 하는 일은 진아를 앞에 두고 프랑스 동화책을 읽어주는 것이었다. 하루에 2시간씩 책 읽기 교사가 읽어주는 책을 보고 진아는 6개월 만에 프랑스어를 독파했고, 1년 만에 월반을 했다. (…) 이른바 '북시터'라 불리는 육아 교육 방법은 프랑스에서는 일반적으로 이뤄지고 있다." 국내에서도 북시터를 이용하는 것이 가능하며, 북시터 자격증도 존재한다.

3. 넬의 책 읽기는 우리가 하는 책 읽기의 연장선상이다. 굳이 말하자면 스마트 읽기쯤 될까. 혹은 '스마트 스마트 읽기'. 다만 스마트폰을 사용하기 시작한 사람들이 '정말로' 생활이 변화하는 것을 체험했듯, 종이책과 전자책(혹은 더 나아간 형태)이 각각 낳는 사회적·문화적 결과물은 매우 상이하다. 그럼 시야를 더 넓혀서, 책의 변화와 관련된 사회적 반향을 생각해볼 수 있다. 현재도 종이책과 긴밀히 연관되어 있는 도서관은 어떨까. 책이 이렇듯 개인화되고 똑똑해진다면, 도서관은 어떻게 변화할까?

필립 호세 파머의 〈연인들〉(1953)이라는 SF에는 '조트JOAT'

라는 직업이 등장한다. "뭐든지 할 수 있는 사람Jack of all trades의 약자다. 학문은 갈수록 전문화되고 있고, 소설의 배경인 미래 사회에서도 마찬가지다. 같은 학문이라도 한 분야에 몰두하는 사람은 매년 쏟아지는 논문에 쫓겨 다른 분야의 연구까지 따라가기는 힘들다. 이것을 연결하는 역할이 바로 조트다. 주인공 할은 다음과 같이 설명한다.

> "예를 들어 나 같은 사람은 언어학 조트라고 합니다.
> 많은 언어학 중에서 어느 한 분야에 전념하는 대신, 나는
> 그 학문에 필요한 일반적인 지식을 가지고 있습니다.
> 그러므로 모든 분야의 연구를 연관시킬 수 있으며,
> 어떤 분야의 사람이 흥미를 가질지도 모르는 것을 다른
> 분야에서 찾아내어 그것을 그 사람에게 알려줄 수도 있는
> 것입니다.
> 그렇지 않으면 몇 백 권이나 되는 잡지를 전부 읽을 수
> 없는 전문가는, 연구에 도움이 되는 내용을 모르고 넘어갈
> 수도 있으니까요."

주인공은 또한 조트JOAT에 대해 전문가들 사이에서는 염소goat만큼의 권위도 없다고 말한다. 언어학에 대한 지식은 충

분하다 하더라도 그는 연구에 직접 참여하지 않는다. 엄밀히 말하면 연구자로서 그의 일은 부수적인 역할에 불과하다. 다만 매우 흥미로운 직업이기는 하다. 생각해보자. 연구가 벽에 부딪혀 좌절한다. 지금까지 했던 연구를 포기하고 때려치울 것인지 끌어안고 계속 애써볼 것인지 방황한다. 그러다 관련 분야 조트가 나타나 기적처럼 힌트를 던져준다. 그런 조트의 도움은 신의 목소리와 같을 터이다. (안타깝게도 작품 안에서는 언어학 얘기가 간간이 나올 뿐 조트라는 직업에 대해서는 초반 이후로는 다루지 않는다.)

〈스노 크래시 1〉 ⓒ북스캔

혹은, 닐 스티븐슨의 〈스노 크래시〉(1992)에는 사서 데이몬이 있다. 가상 세계인 메타버스 안에 프로그램된 데이몬들은 NPCNon Player Character나 도우미 같은 존재다. 문지기 데이몬은 플레이어들의 출입을 통제하고, 장의사 데이몬은 플레이어 아바타의 시체를 처리한다. 개인이 데이몬을 소유하거나 주고받는 것도 가능하다. 당연히 좋은 기능일수록 비싸다. '바벨/정보의 소멸'이란 이름과 함께 등장하는 이 사서 데이몬은 도서관과 사서의 역할을 겸하며, 어마어마한 용량과 예상 가격을 자랑한다. 메타버스라는 가상 세계 안에서 그는 검색한 모든 자료를 시각적으로 보여줄 수 있다. 요약정리는 불가능하지만 다른 이의 설명을 끌어올 수는 있다. 비유적 표현을 이해하지 못한다고는 하지만 이전 사용자들의 비유와 비슷하다고 분석할 수는 있다. 그는 차근차근 지식을 제공하며 주인공이 해답으로 나아가는 데에, 그리고 작가가 내용을 설명하는 데 결정적인 역할을 한다.

조트나 데이몬의 역할은 전문 사서가 하는 일과 비슷하다. 국내에는 생소할지 몰라도 이미 각 학문 분야에서 유사한 일을 하는 주제 전문 사서들이 있다. 책을 찾는 사람들의 수준이 고도화됨에 따라 사서의 역할도 정보를 단순히 수집·제공하는 데에서 벗어나 보다 전문화되어야 할 필요성이 생겼다. 수집된 정보를 보여주는 일이라면 인터넷 검색이 더 편리하다. 제목이나 작가 이름만 알면 책을 검색하는 것은 금방이다. 어디부터 찾아야 하는지도 모른 채 찾는 것은 전문 지식을 가진 사람의 도움 없이는 힘든 일이다. 만약 SF를 통해 읽는 책의 미래상에 관해 찾는다고 할 때, 제목에 책이 들어가는 SF는 금방 찾아낼 수 있다. 그러나 책이 등장하는 SF가 어떤 것인지는 일일이 읽어보지 않고는 불가능하다. 현재의 검색 시스템으로는 불가능한, 정보를 지식으로 가공하여 제공하는 것이 주제 전문 사서의 역할이다.

따라서 주제 전문 사서는 문헌정보학을 공부한 사서이되 해당 분야 석사 이상의 학위가 자격 요건이다. 미국·유럽권에서는 일반화된 직업이기도 하다. 이들에게 원하는 키워드를 말하면 필요한 정보가 담긴 책들을 마법같이 찾아준다. 조트와의 차이라면, 사서는 이용자가 요청한 정보를 찾아주는 데 반해 조트는 '필요할' 정보를 먼저 제공한다는 점만이 다르다. 앞서 언급한 대로 책과 독자가 갈수록 '스마트'해진다면, 사서의 역할 역시 조트와 유사한 방식으로 확장·변화될 가능성은 충분하지 않을까.

한편, 사서의 역할이 전문화될수록 그가 도서관 관리에 얽매일 필요는 줄어든다. 조트처럼 도서관과 아예 상관없는 직업으로 분화하거나 사서 데이몬처럼 전자화될 수 있다. 게다가 상당수 도서관이 전자책을 제공하기 시작했다. 전자 저널이나 데이터베이스를 구입하는 데 대학 도서관 예산의 상당수가 들어간다. 집에서도, 기계만 있다면 어디에서나 도서관을 이용할 수 있다. 종이책을 포기한다면 도서관에 찾아갈 이유는 없다. 도서관의 자료 보관 역할과 정보 검색 기능이 떨어져나간 셈이다. 도서관의 입지는 좁아지고 있다. 예산이나 인지도, 지리적으로도 말이다.

따라서 도서관은 현재까지와는 다른 방향으로 활로를 모색하고 있다. 예를 들면, 작은 도서관으로 사람들 가까이 다가가는 방법이 있다. 본래의 작은 도서관은 시골 등 적은 인구를 대상으로 운영하는 소규모 도서관을 뜻했다. 혹은 1주일에 4일 등 축소 운영을 하는 경우도 해당된다. 국내의 경우 중소 도시에 세워진 기적의 도서관(울산, 서귀포, 청주, 제주, 진해, 순천, 제천, 금산, 부평 등)이나 부천, 순천, 창원 등 지방자치단체 중심으로 세워진 작은 도서관이 있다. 이는 멀리까지 나가지 않아도 책을 얻을 수 있도록 하여 보다 많은 사람들에게 독서 경험을 보급하는 역할을 한다.

도시의 경우 장서를 보관할 자리를 확보하기 위해서는 대규모 입지가 필요하므로 도서관은 접근성이 떨어지는 산이나 변두리 지역에 세우게 된다. 이를 극복하기 위해 분점을 활용한 연계형 도서관이 존재한다. 미국 미네소타주 다코타 카운티가 그 예다. 도시 곳곳에 소규모 분점을 세워 찾아가기 쉽도록 만드는 식이다. 각 분점에는 사람들이 주로 찾는 책을 들여놓고, 나머지는 요청할 경우 대규모 도서관이나 다른 분점에서 가져온다. 베스트셀러의 경우 요청하는 사람이 많으므로 복사본의 형태로 대여되기도 하고, 신청하면 책을 집까지 배달해주는 서비스도 제공한다.

지역 커뮤니티로 자리 잡는 것도 도서관이 살아남는 방법이다. 대다수 도서관이 책 읽기와 관련된 강의나 프로그램을 기획, 진행한다. 도서관에 가면 취향이 맞는 다른 독자들을 만날 수 있다. 도서관에서 아이와 부모는 함께 책을 읽는다. 북시터 프로그램은 그에 교육적 의미를 부여한 것이다.

그리고 아무리 전자책의 보급률이 높아지더라도 독서 행위와 도서관을 떼어놓고 생각하기는 힘들다. 도서관만큼 책이 가득 찬 열린 공간이 없기에, 아직까지도 책에 빠져들기 가장 좋은 장소는 도서관이기 때문이다. 책이 빼곡히 들어찬 서가 사이를 헤집고 다니는 일, 예상치 못한 자리에서 마주한 책과 사랑에 빠지는 일, 조용히 가라앉은 공기를 느끼며 책장을 넘기는 일을 도서관이 아닌 어디에서 해보겠는가.

〈쿼런틴〉 ⓒ행복한책읽기

4. 정보 이용의 궁극적인 형태는 〈쿼런틴〉(1992)이었다. 그렉 이건의 〈쿼런틴〉에서는 필요한 소프트웨어가 있다면 머릿속으로 바로 다운로드받을 수 있다. 현재는 앱이라고 표현하면 더 이해하기 쉬울 것이다. 결제 역시 두뇌 내에서 즉시 이루어진다. 책을 통째로 머리로 전송받거나 필요한 부분만을 검색하여 발췌하는 것도 가능할 것이다. 그런 시대가 온다면, 종이책과 전자책과 같은 매체의 차이가 대체 무슨 의미가 있을 것인가. 책 읽기는 유효하나 책은 변화한다. 종이책을 고수

하는 것이 의미가 있을까? 혹은, 그것이 가능할까?

종이책을 사랑하는 이들은 (최소한 한동안은, 최대한으론 영원히) 종이책이 여전히 사랑받을 거라 예상한다. 가상으로만 존재하는 전자책과 달리 종이책에는 손에 잡히는 존재감이 있다. 작가와 독자는 종이책이라는 물질을 통해 교감한다. 전자책이 새로운 자극을 제공하듯 종이책은 고유의 경험을 제공한다. 책을 쥐었을 때의 무게감, 페이지를 넘길 때의 손맛, 종이의 냄새 등. 〈다이아몬드 시대〉의 '책'이 고전적인 책의 형태(진한 색 표지에 금박 장정이 된 종이책)를 하고 있다는 점은 의미심장하다. 물론 이는 종이책을 사랑했던 이의 향수에 불과하다고 해석할 수도 있다. 셜록 홈즈를 사랑하는 영국이 내놓은 드라마 〈셜록〉의 주인공이 코난 도일의 홈즈와 동일 인물이 아니듯 말이다.

전 세계 사람들이 책을 너무나도 사랑하는 〈제인 에어 납치사건〉(2003) 시리즈를 제외한다면, SF 안에 그려지는 미래에 종이책은 찾아보기 힘들다. 하지만 굳이 종이책의 형태에 집착할 필요는 없다고 본다. 종이책에서 전자책으로의 변화를 책이라는 매체의 발달 과정, 즉 연속선상으로 파악하는 관점에서는 그 개별 특징은 중요하지 않다. 형태가 어떻게 되든 내용은 똑같이 책이며, 우리는 그것을 읽는다. 중요한 것은 책

이 아니라 독서 행위다. 책은 그저 변화하고 있을 뿐이다. SF
는 변화를 제시한다. 가치판단은 개개인에게 맡기도록 한다.

법의 도덕, 아주 합법적인 독재
〈어떤 소송〉
2009, 율리 체

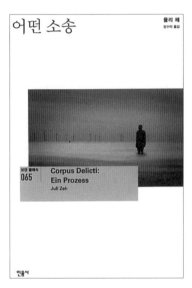

〈어떤 소송〉 ⓒ민음사

1. 합법적인 건강의 독재

건강은 지배와 통제의 메커니즘으로 기능해왔다. "건강한 신체에 건강한 정신이 깃든다."(로마 시인 유베날리스Decimus Junius Juvenalis의 풍자시에 등장하는 이 문구는 시인 바이런 경의 번역을 통해 '건강한 신체가 되어야 건강한 정신이 깃든다'는 뜻으로 알려졌다. 그러나 원문은 "Orandum est ut sit mens sana in corpore sano", 즉 '건강한 신체에 건강한 정신이 깃들면 바람직할 것이다' 정도의 뜻이다. 이 시는 로마인들이 육체적 건강에만 힘쓰고 정신적으로는 타락했다는 점을 꼬집는다. Bernard F. Dick, "Seneca and Juvenal 10", Harvard Studies in Classical Philology, Vol.73(1969), pp.237~246)는 말은 로마 제정기 시인의 입에서 나온 후로 건강에 대한 사람들의 인식을 보여주는 주요 경구가 되었다. 건강은 인간이 이룰 수 있는 최고의 상태이며, 확실한 미덕으로 취급되었다. 반면 건강하지 못한 것은 쉽게 비정상, 열등, 위험하다는 낙인이 찍혔다. 나치당이 집권한 히틀러의 '제3제국'은 건강과 인종주의, 이상적인 국민을 하나로 연결했다. 나치 독일에서 아리아인은 우수한 민족이므로 금발에 푸른 눈, 영웅적인 풍모를 지닌 제국의 수호자로, 튼튼하고 건강하며 충성스러운 군인으로 자라야 했다. 제3제국은 신체 교육을 중심으로 한 체육교육을 강력한 국가정책으로 추진하며 이상적인 국민으로의 성장, 즉 건강을 국민들의 마땅한 책임으로 삼았다(〈제3제국Das Dritte Reich의 정책이념과 체육교육: Nazis의 체육정책〉(주동진, 2012년 4월), 〈인문연구〉 제64호,

237~266쪽). 반면 유대인, 로마니(집시), 동성애자, 정치적 반동분자, 장애인 등 "열등한" "외부인"은 개인적으로 건강하지 못할 뿐 아니라 국가의 건강에 해가 되는 존재로 간주되었다(《홀로코스트 백과사전》, '적에 대한 정의' 중. 2018년 6월 26일, www.ushmm.org). 현대의 국가들은 국민의 건강을 위해 정부 차원에서 의료보험을 운영하고, 공동체의 복지라는 이름으로 개인의 의료 정보를 수집하고 건강관리에 관여한다. 태아의 장애와 유전병을 양수천자(羊水穿刺, amniocentesis, 임신 15~18주 정도에 태아의 세포가 들어 있는 양수를 외과적으로 빼내서 유전병을 진단하는 것)로 검사하는 것이 보편화되었고, 나라마다 차이는 있지만 이는 합법적인 인공임신 중절 사유가 된다. 건강은 너무나 중요하기 때문에 학령기(만 6~12세) 아이들은 의무적으로 단체 건강검진을 받고, 공공장소와 직장에서의 흡연은 본인과 타인의 건강을 해치기 때문에 법률과 내규로 금지된다. 건강하지 못한 이는 자신의 부도덕으로 인한 신체적 고통 외에도 의료보험료 인상과 사회적 비난 같은 책임을 감수해야 한다. 〈어떤 소송〉의 체제인 '방법'은 공동체 전체의 건강을 위해 건강하지 못한 자를 '나쁜 균'으로 규정한다. 이 체제에서 법은 건강의 이름으로 집행된다.

하지만 정말로, 건강하지 못한 게 그렇게 큰 잘못일까? 인간은 몸에 나쁠 줄 알면서도 술을 마시고, 운동 스케줄을 미뤄버리고, 내키는 대로 늦잠을 자는가 하면 밤을 새기도 한다. 신체 접촉을 포함한 타인과의 교류는 대부분 비위생적이다. 건강은 미덕이지만 이는 어디까지나 도덕적 차원의 성격이다. 언뜻 지극히 도덕적으로 보이는 〈어떤 소송〉의 세계는 매우 합리화된 독재사회다.

이 체제의 부도덕함은 건강이라는 특정한 가치가 법으로 강제된다는 점에 기인한다. 사회가 나서서 건강을 강요하는 것은 정당한가? 건강이라는 말은 그저 '방법'이 불순분자를 걸러내 침묵시키기 위한 키워드는 아닐까? 건강을 절대 가치라고 법으로 천명한 사회이니, '방법'은 범죄를 규정할 때 '건강하지 못하다'고 주장하기만 하면 된다. 하지만 이러한 규정이 정당하다고 어떻게 보장할 수 있을까? 〈어떤 소송〉의 법은 옳은 법인가? 도덕은 어디까지 법에 반영되어야 할까? 진정 건강한 사회가 되려면 법은 도덕의 문제에서 손을 떼고 물러나 최소한의 가치만을 수호해야 하는 것이 아닐까? 특정 집단을 거리에서 '청소'했던 이전 시대의 법처럼, 특정 가치가 우위에 서는 순간 법은 일부 집단의 입맛대로 사회를 통제하는 수단으로 전락할 수 있다. '방법'과 '건강'에 대한 의문은 악법에 대해 배운 자의 마땅한 경계이고, 법과 도덕의 관계가 어떠해야 하는지에 관한 질문이며, 이는 곧 법철학의 쟁점이다.

여기서는 현대 법철학자인 풀러Lon L. Fuller의 합법성 원칙을 토대로 〈어떤 소송〉의 '21세기 디스토피아'적 측면을 검토한다.

2. 이토록 멋진 디스토피아: 〈어떤 소송〉의 세계

〈어떤 소송〉의 원제는 'Corpus Delicti: Ein Prozess'다. 'Corpus delicti'는 '증명된 범죄 사실', 형법상 구성요건, 위법성, 책임과 같이 범죄의 성립 요건을 말한다. 해당 제목은 국가 형벌권의 집행과 관련하여 국가가 무엇을 범죄라고 정의하고 무슨 근거로 이를 단죄하느냐는 문제로 이어진다. 〈어떤 소송〉의 체제에 따르면 국가는 건강하고 행복한 삶을 보장하기 위해 만들어진 것이므로 건강하지 못한 행동은 범죄다. 작중 체제의 대변인이자 선동가 역할을 기꺼이 맡는 언론인 크라머는 건강이야말로 생명체의 자연스럽고 궁극적인 목표이므로 사회와 법의 목표가 되며, "건강을 추구하지 않는 인간은 병날 것이 아니라 이미 병들었다"고 단언한다. '방법'은 소독법, 위생법, 건강법, 각종 규칙과 신고 의무를 통해 범죄와 형사처벌을 규정한다.

'방법'의 사회는 안전하고 매력적이다. 도시는 깨끗하게 빛나고, 환경오염은 사라졌고, 인간은 질병을 정복하여 감기조차 이전 시대에 소멸했다. 법정은 항시 인간이 가장 잘 사고할 수 있는 19.5도로 유지된다. 스트레스성 질병, 저출산, 테러리즘, 죽음에 대한 불안은 공동체의 건강이라는 가치를 제대로 추구하지 못했던 구시대의 비극일 뿐이다. 사람들은 고통을 겪지 않아 늘 어딘가 앳된 표정을 유지한다. 이 체제는 유일하고 궁극적이라는 의미를 담아 정관사를 붙인 "방법 Die Methode"이라 불린다. '방법'이야말로 국가의 목적을 실현하는 최선의 방법이고, 인간 오성五性에 따라 완전무결하게 도출된 결론이기 때문이다.

개인 복리와 공공복리가 일치하는 사회의 사람들은 국가의 통제를 친숙하게 받아들인다. '방법'의 지도하에 모든 국민은 팔뚝에 '인식칩'을 심는다. 이를 통해 국가의 시스템이 개인의 정보를 관리하고 위치를 파악한다. 위생적으로 관리되지 않은 지역으로 들어가는 것은 원칙적으로 불법이다. 아이가 태어나면 그때부터 주기적으로 필수 검사 및 신고 절차를 거쳐야 한다. 성인은 소변검사와 혈액검사 결과를 제출할 의무가 있다. 제출하지 않는 사람은 체제에 숨길 것이 존재하거나 체제에 불만을 품은 것일 터이므로 반강제로 검사를 받는다. 모든 개인은 매일 운동량을 할당받는다. 가정용 운동기구에는 할당량 미달 여부가 표시된다. 이를 어기면 벌금형을 받는다. 방법안기부는 블랙리스트를 작성하여 자신을 위험에 빠뜨림으로써 국가를 위협하는 인물을 예의 주시한다.

주인공 미아 홀은 생물학자이고, 이성적이고 논리적인 방법을 선호하며, 언제나 모든 질문에 답이 있다고 느끼며 살았던 인물이다. 그녀의 남동생 모리츠 홀이 맞선 상대인 여자를 강간 살해했다는 죄목으로 체포되기 전까지는 방법과 그녀 사이에 불일치가 없었다. 미아의 직관으로는 동생은 무죄지만 이성으로는 동생이 범인이다. 시체에 남아 있던 정액에서 동생의 DNA가 나왔기 때문이다. 동생은 끝까지 무죄를 주장했고, 그럼으로써 '방법'에 오류가 있다고 주장했기 때문에 가증스러운 인물이 되었다. 동생이 자살한 뒤에도 미아는 동생과 '방법' 사이에서, 직관과 이성 사이에서, 질문과 순응 사이에서 "답이 녹아내리는" 혼란을 겪는다. 그리고 혼란을 홀로 묻어버리지 못한 결과, 동생의 죽음을 '건강하게' 털어버리지 못하고 이에 함몰된 결과, 그녀에게 부과된 건강할 의무를 이행하지 못한다. 그녀는 테러 준비와 '방법 적대적' 책동을 했다는 죄목으로 무기 동결형을 선고받는다. 미아의 소송은 '방법'에 대한 심판을 청구하는 것이고, 미아에 대한 유죄 선고는 자기 존재에 대한 위협을 무력화하려는 '방법'의 면역반응이다.

3. 있는 법과 있어야 할 법

(1) 합법성, 또는 단지 효율성

〈어떤 소송〉이 흥미로운 점은 미아의 소송이 정말로 합법적이라는 점이다. 〈1984〉나 〈멋진 신세계〉와 같은 20세기 디스토피아 소설과 달리 21세기의 〈어떤 소송〉에는 현대적인 형사소송법이 존재하며 법조인들은 이를 준수한다. 공익의 대변자인 검사와 사익의 대변자인 변호사가 판사와 함께 절차에 따라 형사사건을 처리한다. 판사 조피는 우수한 인물이고 타인의 건강을 해치는 사람들을 괘씸해할지언정 괘씸죄로 형을 선고하지는 않는다. 피고인에게는 항변할 기회가 주어지고, 국선변호인 제도가 활용되고 있으며, 변호인은 피고인을 위해 이의를 제기할 기회를 충분히 보장받는다. 작중 국선변호인 로젠트레터는 미아가 부당한 구금을 당한 것에 대해 최고 방법재판소에 소원을 넣어 조치를 취한다. 그리고 미아의 소송에 모리츠에 관한 증거를 채택해주기를 신청한다. 판사는 "법률적으로 정확한 결정"이기 때문에, 우수한 사람답게 "모든 일을 옳게 하려는 무조건적인 노력"을 기울이기 때문에, 불필요한 과정이라 여기면서도 변호인의 증거 신청을 배척하지 못한다. 이 증거로 모리츠가 무죄였음이 대대적으로 밝혀진다. '방법'의 오류는 합법적인 절차로 입증된다.

그러므로 '방법'의 법은 풀러가 제시한 합법성의 원칙_{prin-}ciples of legality을 충족하는 것처럼 보인다. 법다운 법이 갖춰야 할 면모를 모두 갖추었다는 뜻이다. 방법의 법은 일반 규율을 정한 일반법이므로 특정 개인들만 지목되는 부당함이 없다. 법이 비밀리에 제정되지 않고 수범자가 그 내용을 알 수 있도록 공포되어 있다. 작중 소급입법遡及立法, 어떤 법을 만들기 이전의 일까지 소급하여 적용할 수 있게 법을 제정하는 일이나 그 가능성은 등장하지 않으므로, 사람들은 현재의 법에 충실하면 설령 나중에 법이 바뀌더라도 바뀐 법을 이유로 처벌받지 않는다. 또한 법이 충분히 구체적이므로 해석이 널뛰기를 하지도 않고, 종잡을 수 없도록 빠르게 바뀌지도 않고, 불가능한 의무를 규정하지도 않는다. 방법은 법의 무오류성을 자랑스럽게 내세우며 모순 없는 법을 만들고자 한다. 공무원들은 법을 정해진 대로 집행한다. 그러니 방법을 두고 합법성을 충족한 체제라 하기에 무리가 없다.

풀러의 입장에 따르면 합법성의 원칙을 준수하는 것과 극히 사악한 지배는 경험적으로 양립 불가능하다(〈풀러의 합법성론〉(최봉철, 2004년 12월), 〈법철학연구〉 제7권 제2호, 7~38쪽). 따라서 사악한 지배를 막기 위해서는 합법성을 추구해야 한다. 그런

데 〈어떤 소송〉의 가상 사회는 강력한 국가주의 감시 사회로, 분명 '사악한 지배'가 이루어지는 곳이다. 이는 풀러에 대한 비판을 지지하는 예시처럼 보인다. 하트_{H. L. A. Hart}는 풀러의 합법성 원칙이 단지 법의 효율성을 위한 원칙일 뿐 도덕성을 담보하지는 못한다고 비판했다.

(2) 법의 도덕

풀러의 합법성 개념은 하트의 비판에 대한 답변에서 명확해지는 면이 있다. 풀러에게 법은 명백히 지침부여적_{prescriptive}이라는 점에서 도덕성과 유리될 수 없다(〈있는 법과 있어야 할 법의 연관성〉(박은정, 2009년 5월), 〈법철학연구〉 제12권 제1호, 306쪽). 일반 시민들은 법이 존재하기 때문이 아니라 법이 따를 만하리라고 여기기 때문에 법을 준수한다. 그리고 사람들이 따르려고 하기 때문에 법은 정당화되어야 한다는 요구를 받는다. 있는 법과 있어야 할 법의 거리가 멀수록 그 법은 따르기 어렵고 실효적이지 못할 것이다. 법이 실효적이기 위해서는 좋은 법으로 수용되어야 한다. 따라서 법관은 법을 승인할 뿐만 아니라 법을 정당화해야 한다는 책임을 진다. 풀러에게 하트가 말하는 "도덕과 무관한 법에 대한 도덕적 복종 의무"는 문제가 되지 않는다. 법에 따를 것과 도덕적인 일을 할 것은 딜레마 관계가 아니기 때문이다. 무엇을 도덕으로 보느냐는 문제가 있긴 하지만, 법과 도덕은 긴밀한 관계에 있고, '법이 아니다'는 '법이라 불릴 자격이 없다'와 중첩된다.

풀러의 입장에서 법과 도덕을 분리하여 윤리적으로 중립성을 고수하겠다는 법실증주의의 주장은 기만적이다. 법의 지침부여적 의도를 부정함으로써 지침부여적 힘을 가져오기 때문이다. 풀러에게 있어 법실증주의자들이 우려하는 부도덕한 도덕성의 문제는, 법과 도덕성의 결합을 긍정하는 태도보다는 중립적이지 않은 법의 중립성을 주장하는 경우에 더욱 치명적으로 나타날 수 있다. 법이 어떤 법이어야 하는지에 답하지 않고 그저 '법은 법이다'라는 태도를 취할 때 오히려 부도덕성의 침투를 허용하기 용이하기 때문이다. 반대로 설명과 정당화의 압박을 받으면 그에 답하기 위해 좋음의 방향으로 가기 마련이다. 그러므로 법실증주의자들의 비판에도 불구하고 "정합성은 악함보다는 좋음과 친밀하다."(같은 글, 357쪽) 그러므로 법의 내적 도덕성, 즉 합법성을 추구하는 것이 사악한 지배와 배치된다.

풀러와 하트는 법의 도덕성에 대한 평가를 하는 주체가 누구인지도 차이가 난다. 앞서 살폈듯 풀러의 입장에서 법의 정당화 요구는 법관만이 아니라 시민들에게서 도출된다. 시민들은 자신들의 대표자가 법을 옳게 만들었으리라고 전제하기 때문에 법에 따른다. 법이념에 대한 신뢰를 바탕으로, 자유인인 개인으로서 자신에게 가해지는 법적 강제가 옳다고 판단하는 것이다. 이는 하트가 법의 효력의 근원을 찾으며 법공무원인 판사들에게 승인을 맡기는 것과는 근본적으로 차이가 있다. 풀러의 방식에서는 체제를 구성하고 법을 실현하는 구성원 개개인에게 자신들의 법을 평가하고 선택할 권한이 돌아간다. 이는 민주주의의 방법이다.

따라서 풀러의 합법성이란 법 자체에 내재된 것이고 분리 불가능하며, 법을 보다 법다운 법으로 만들기 위해 적극적으로 추구해야 하는 것이다. 그리고 이는 공동체 구성원의 도덕과 유리되지 않는다. 법다운 법이 만들어지는 과정에는 구성원들의 실천적 참여가 필요하다. 이러한 법이라면 사악한 지배로 이어지지 않는다. 극단적 법실증주의자 라즈Joseph Raz는 법과 법의 외적 도덕성의 결합은 부인하지만, 풀러가 이야기하는 법의 내적 도덕성은 인정한 바 있다(〈풀러의 합법성론〉, 25쪽). 합법성의 원칙을 준수하는 법은 자의적 권력 행사를 제한하고, 구성원들에게 예측 가능성을 제공하고, 인간 존엄성을 보호한다는 것이다.

(3) 의무의 도덕과 열망의 도덕

'방법'이라는 체제가 합법성을 갖추었는데도 왜 사악한 법의 지배가 가능한지를 검토하기 위해서는 풀러의 합법성이 어느 정도로 충족되어야 하는 것인지도 추가로 살필 필요가 있다. 풀러는 드워킨Ronald Dworkin과 달리 합법성 평가를 정도의 문제로 파악한다(같은 글, 19쪽). 이는 풀러가 도덕을 두 가지로 나눠 설명하는 것과도 관련이 있다. 그에 따르면 도덕은 의무의 도덕과 열망의 도덕으로 나뉜다(같은 글, 23쪽). 입법자는 합법성을 준수할 도덕적 의무와 합법성을 최대로 추구할 윤리적 책임을 동시에 짊어진다. 만일 이들이 일정 정도의 도덕적 의무조차 이행하지 않았다면 그 법체계는 존재하지 않는 것이다. 그리고 입법자들과 법 집행자들이 합법성을 준수할 의무는 수행하되 이를 최소한으로만 충족하는 경우라면, 사악한 지배가 나타나는 것도 이상하지 않다.

4. '방법'의 한계

(1) 최소한의 합법성

풀러의 합법성 개념에 따르면 '방법'의 합법성은 최저한에 그친다. 미아의 소송이 진행될수록 '방법'의 편에 선 사람들은 형사소송법을 어기지 않으면서도 미아를 끝장내기 위해 증거를 조작한다. 충분한 설명 없이 받아낸 동의가 그대로 인용되고, 누가 봐도 협박을 받은 증인이 진술을 한다. 피고인은 변호인을 선임할 권리를 보장받지만 변호인이 자기를 보호하기 위해 사임하겠다고 청할 때 다른 변호인을 구할 도리가 없다. 형사사건을 처리할 때 '방법'은 자신의 무오류성을 수호하기 위해 피고인에게 자백을 받는 것을 선호한다. 그러므로 고문을 허용한다. 이는 법으로 허용되었으므로 분명 합법의 틀 안에서 일어나는 일이지만, 풀러가 말하고자 했던 것이 열망의 영역까지 포함한 최선의 합법성이라는 점을 생각하면 결국 '방법'은 표면상으로만 합법성을 갖췄을 뿐이다. 법다운 법이라는 의미의 합법성과는 거리가 멀다.

하지만 '방법'을 지키기 위해 합법성의 경계를 악용하는 이들도 자신들의 행위가 정합성이 떨어진다는 것을 직관적으로 알고 있다. 검사 벨은 피고인 미아가 반체제적이라고 주장할 때 말을 더듬으며 자기 말에 숨은 모순을 힘겹게 무시한다. 미아의 형벌은 비록 날조일지언정 증거를 완비하고 절차를 모두 밟은 다음 집행된다. 그리고 미아의 변호인이 최고재판소에 제출했던 소원은, 비록 정치적 의도가 담긴 결정일지라도, 타당한 이유 있는 신청이므로 인용 결정을 받는다. '방법'은 좋은 질서, 완벽한 체제를 표방하기에 최소한의 합법성의 책임을 저버릴 수 없다. 이런 점이야말로 기존의 독재사회와 '방법'이 다른 점이다. 아무리 "모든 진보에도 과거로 되돌아갈 수 없지는 않"고 "중세는 인간 본성의 이름"이라 해도, '방법'의 법률은 "놀라울 정도로 생명력 있고, 신체처럼 강하"며, 최소한의 합법성이 존재하지 않던 시대의 방식으로는 돌아가지 못한다.

(2) 목적의 결여

풀러가 제시하는 절차적 원칙은 어디까지나 법의 목적을 달성하기 위한 것이다. 합법성의 8원칙은 목적 달성의 필요조건일 뿐 충분조건이 아니다. 그리고 법다움을 위해 법의 목적을 다루며 풀러는 전체 법체계의 목적, 전체 목적의 체계로서 공동의 필요를 고려할 것을 제시한다. 이는 가변적이고 유동적이므로 확정할 수 없으나, 다만 이러한 목표를 향해 나아가기 위해서는 구성원 사이에 의미의 교환, 의사소통, 대화가 필요하다는 것만은 변하지 않는다. 이는 "서로의 차이와 장벽을 넘어서 서로를 인간적으로 대우하라"는 명제에서도 도출된다(〈하트-풀러 논쟁 50년 회고〉(장영민, 2007), 〈이대 법학논집〉 제11권 제2호, 3-34면). 이와 반대로 '방법'은 격리와 금지를 통해 외부 자극이 없는 정적인 체제를 추구한다. 작중 미아의 회상에서 미아와 남동생은 방법을 두고 지겹도록 논쟁을 반복한다. 삶을 누리려면 건강하고 안전해야 하는데, 완벽히 건강하고 안전하기 위해서는 삶을 극도로 제한해야 한다는 모순이 있기 때문이다.

"너는, 불쌍하고 길 잃은 모리츠 홀, 가식꾼일 뿐이야. 너의 그 유명한 충만한 힘은 몸이 네게 봉사할 수 없는 바로 그 시점에 사라져. 넌 단단한 안전의 토대 위에서 이른바 자유를 누리면서 전투적 말을 내뱉지. 남들이 네 계산서를 지불하는데 말이야. 그건 자유가 아니고 비겁함이라 하는 거야."

"안전의 토대라니! 정말 누나가 그렇게 말한 거 맞아? 누나도 그 속물들 구호를 역겨워할 거라 생각했는데. 언제 결국 우리 세계가 안전해질지 알아? 모든 인간이 시험관 안에 드러누워 영양액에 잠겨서 서로 만지지도 못할 때야! 그럼 그 안전의 목표가 뭐냔 말이야. 잘못 이해한 정상성 속에서 식물인간처럼 꾸역꾸역 사는 거? 단 하나의 관념이라도 안전이란 관념을 넘어설 때에야, 정신이 자신의 물리적 조건들을 잊고 개인적인 걸 넘어서는 영역으로 향할 때에야 비로소 유일하게 인간의 존엄에 걸맞은, 따라서 더 고차원적 의미에서 정상적인 상태가 시작돼!"

'방법'의 목적은 건강이지만 건강은 삶을 위한 토대에 불과하며, 정상의 기준은 가변적이다. 건강을 목적으로 한다는 것은 결국 목적이 없는 것과 같다. 방법은 유동적일 수밖에 없는 법의 목적을 자신의 보위에 고정하고자 한다는 점에서 풀러의 자연법론에도 역행한다. 풀러에게 법은 법이 담당하는 가치와 분리될 수 없는 것이므로, 건강과 같은 가치를 지향하더라도 법다움과 괴리된 법은 바람직한 법이 아니다. 풀러의 합법성 원칙은 이 괴리를 줄여나가기 위한 방법으로, 법의 목적을 실현하기 위한 과정으로, 법의 준수는 동적이고 실천적인 것으로 파악할 필요가 있다.

5. 21세기에 만나는 디스토피아

체제의 정당성을 논하는 데 체제의 이름이 무엇인지는 중요하지 않다. 미아는 '방법'의 사악함이 방법의 문제가 아니라는 것을 안다. "맨 먼저 우리는 체제를 기독교라 불렀어요. 그 다음엔 민주주의라 불렀죠. 오늘날엔 방법이라 불렀죠." '방법'과 반ᵣₑₑ'방법'은 구조에 대한 질문이 선행되지 않는 한 근본적으로 차이가 없다. "방법은 체제 안 시민들의 건강을 기초로 세워졌고 건강을 정상으로 본다. 그러나 정상은 보편이 아니다. 정상은 한편으로는 사실인 모든 것, 주어진 것, 일상적인 것이다. 하지만 다른 한편으로는 규범적인 것, 즉 바라는 것을 뜻한다. 이렇게 정상이란 양날의 칼이 된다. 어떤 한 사람을 있는 그대로 검사해보고 나서, 그가 정상이고 건강하며 따라서 좋다는 결론에 다다를 수가 있다. 그러지 않고 바라는 것을 척도로 치켜들고는 같은 사람에 대해 망가졌다고 결론을 낼 수도 있다. 완전히 자의적으로. 어떤 사람이 집단 안에 있는 한, 그 칼은 방어에 도움이 된다. 그 사람이 집단 밖에 있다면, 그 칼은 끔찍한 위협이 된다. 사람을 병들게 한다." 미아는 혁명을 원하지 않는다. 우두머리를 바꾸는 일만으로는 의미가 없기 때문이다. 대신 미아는 질문을 유지하겠다고 답한다.

〈어떤 소송〉의 '방법'은 미아를 추방해서 그녀를 영웅 혹은 순교자로 만드는 대신, 그녀가 아무 변화 없이 다시 사회 속에서 살아가도록, 그래서 아무것도 아닌 존재로 만드는 길을 택한다. 백신이 인체를 약한 병원체에 감염시켜 항체를 만들도록 하는 것처럼 미아와 같은 불온분자를 수용하여 체제가 파괴되지 않도록 처리하는 것이다. 이 체제는 〈1984〉와 다르게 개인을 파괴하지 않고 〈멋진 신세계〉와 다르게 부적응자를 추방하지 않는다. 그래서 더욱 세련되고, 더욱 공포스럽다. 미아를 체제 안으로 편입시키는 것은 그녀를 목적 없는 삶으로 돌려보내는 일이기 때문이다. 다만 "정합성은 악함보다는 좋음과 친하다"는 풀러의 말대로 21세기의 디스토피아는 체제를 정당화하는 과정에서 20세기의 디스토피아로는 돌아가지 못하게 되었다. 이는 한층 교묘해진 통제라고 볼 수도, 그나마 진일보한 체제라고 볼 수도 있다.

저자 율리 체는 〈어떤 소송〉에 관한 인터뷰에서 이 책의 세계는 너무나 현실이기 때문에 공상이라 할 수 없다고 말했다. 그리고 민주주의에 관해 이야기한다. "우리에게는 수십 년 전부터 잘 작동하는 민주주의 체제가 있고 이에 대한 자부심과 신뢰감도 있다. 우리가 최선의 국가 형태라 여기는 이 체제가 어쩌면 다시 전체주의나 독재 체제로 급변할 수도 있다는 점을 90% 이상의 사람들이 비현실적으로 여긴다. 바로 이것이 나를 불안케 한다. '아, 잘 굴러가고 있는데 엇나갈 리가 없어' 하고 생각할수록 엇나갈 위험이 커지기 때문이다. 나는 잠들지 않는 비판적 의식이 민주주의의 토대라고 믿는다."

미아의 질문은 풀러의 이론이 갖는 장점을 보여준다. 좋은 질서, 정당한 질서를 이야기하기 위해서는 어떤 외적 도덕을 끌어오느냐 이전의 문제가 있다. 질서 자체에 내재하는 도덕성이 있고, 법이 법답기 위해, 체제가 좋은 체제가 되기 위해 추구해야 할 목적이 있다. 도덕이 결부된 법보다 도덕이 결여된 법이 위험하다. 그다음은 질문의 몫이다.

'체코 SF'라는 낯선 이름

(좌) 〈도롱뇽과의 전쟁〉 ⓒ열린책들
(우) 〈제대로 된 시체답게 행동해!〉 ⓒ행복한책읽기

대체 체코가 어디 붙어 있는 나라였지? 체코 작가의 책이 나온다니ㅡ물론 그쪽에서도 책이 나오긴 하겠지만ㅡ뭐 하는 책이지? 게다가 SF라고 하던데?

여기서는 이 질문에 모두 답하고자 한다. 체코는 유럽의 중앙부에 있는 나라다. 2010년 정식 번역된 〈도롱뇽과의 전쟁〉에 이어, 2011년에도 〈제대로 된 시체답게 행동해!〉〈체코 단편소설 걸작선〉〈프라하: 작가들이 사랑한 도시〉가 출간되었다. 이 책에는 모두 주한 체코 대사인 야로슬라프 올샤 Jr.Jaroslav Olša Jr. 대사가 관여했으며, 그는 직접 SF 관련 잡지와 출판사 설립에 뛰어들 정도로 열성적인 팬이자 국제적으로 유명한 SF 마니아다. 그를 통해 알게 된 흥미로운 점은, 체코에서는 SF가 주류 문학에 속한다는 점이다.

체코? 아는 듯 모르는 듯

일본이나 대만에 비해, 한국에서 체코의 인지도는 매우 낮은 편이다. 반면 체코에서는 한국에 대한 인지도가 상당히 높으며, 한국 측의 무관심에 가까운 낮은 인지도에도 불구하고 체코 교과서에는 남한을 강력히 지지하고 북한을 반대하는 구절이 있는, 재미있는 나라다.

체코는 동구권 국가도 아니고, 공산주의 국가는 더더욱 아니며, 체코슬로바키아와는 결별한 지 오래다. 체코슬로바키아는 1993년 1월 1일에 체코공화국과 슬로바키아로 나뉘었다. 1992년 바르셀로나 올림픽에 출전했던 체코슬로바키아가, 1996년 애틀랜타 올림픽에서는 체코와 슬로바키아로 경합했던 이유도 그 때문이다.

또한 체코는 카프카와 쿤데라의 나라이기도 하다. 라이너 마리아 릴케 역시 체코의 수도 프라하의 주민이었다. '몰다우'로 유명한 '나의 조국'을 지은 스메타나도 체코의 음악가다. 야로슬라프 사이페르트는 노벨 문학상을, 야로슬라프 헤이로프스키는 노벨 화학상을 수상했다. (여기서 우리는 체코에서 '야로슬라프'라는 이름이 흔하리라는 점도 알 수 있다.)

그리고 체코, 폴란드, 헝가리 등지에서는 동구권이나 동유럽이라는 단어를 쓰지 않는다. 대신 중부 유럽Central Europe 이라는 단어를 쓴다. 한국이 동남아시아로 분류되지 않는 것과 마찬가지라고 하면 좀 더 이해하기 쉬울지도 모르겠다. 유럽권에서는 중부 유럽이라는 단어가 일반화되어 있으며, 중부central의 이름을 딴 신문도 종종 찾아볼 수 있다. 이 중부 유럽이라는 단어에는 체코(와 다른 중부 유럽 국가들)의 자존심이 담겨 있다. 유럽의 중앙이라는 의미이므로, 유럽 역사와 문화의 중심이라는 의미가 그 하나다. 또 한편으로는 러시아와 차별성을 두려는 의도가 담겨 있다. 유럽 기준으로 지도를 살펴보면, 체코 등의 중부 유럽은 정말로 유럽의 중앙에 있다. 그 동쪽은 러시아다. 따라서 동부 유럽이란 러시아와 그 인근 국가들을 지칭하는 말이며, 이는 오랫동안 형성된 러시아에 대한 상대적인 문화적 우월감이 깔려 있다는 해석도 가능하다. 혹은 반대로 러시아로 대표되는 구소련에 대한 콤플렉스를 읽어낼 수도 있다. 이를 이해하기 위해서는 체코의 수난사를 알아야 한다. 물론 여기서 딴 나라 역사 공부까지 할 수는 없으므로 최대한 간단하게 훑어보도록 하겠다.

체코의 역사

체코의 역사는 지배자들 사이를 전전하는 수난의 역사이며 저항의 역사다. 체코 역사의 연원은 보헤미아, 모라비아, 실레지아로 거슬러 올라간다. 체코어로는 체히, 모라바, 슬레스코라고 한다. 이 세 지역은 중세 연합국가의 일부였다. "무슨 국가라고?" 싶은 사람들은 그냥 한국의 역사가 고구려, 백제, 신라로 이루어진다는 것과 유사하다고 이해하면 쉽겠다. (서구에서 근대적인 의미의 '국가'가 형성된 배경은 동양의 국가와는 다르기 때문에 차이는 있다.)

옆 동네끼리 투닥투닥 옹기종기 지내던 이 나라들은 신성로마제국이라는 느슨한 제국에 느슨한 국가로 속해 있었다. 18세기 들어 갑자기 떨쳐 일어난 합스부르크가 그대로 신성로마제국의 제위를 독점하며 체코 지역을 흡수했다. 같은 제국이라도 독립성을 보장했던 신성로마제국과는 달리 합스부르크 제국은 민족 간 특성을 전혀 고려하지 않고 전국을 하나로 묶으려 했으며, 이는 당연히 각 지역의 반발을 불렀다. 이런 강압적인 정책은 체코가 체코로서의 민족의식을 처음으로 자각하는 계기가 되었다.

합스부르크 제국은 제1차 세계대전의 시발점이 되었던 그 나라다. 사라예보에서 합스부르크 왕위 계승자가 총에 맞아 암살당한 사건을 계기로 1차 대전이 일어났다. 그 결과로 합스부르크 제국(오스트리아-헝가리)은 기울었고, 이때다 하며 독립해 나온 자치 국가들이 우후죽순 생겨났다. 틈틈이 주체성을 되찾으려 엿보던 체코도 그중 하나다. 민족적으로 문화적으로 유사했던 체코와 슬로바키아는 사이좋게 손잡고 체코슬로바키아로 독립했다. 그렇게 오스트리아-헝가리에서 벗어난 것이 1918년이다. 20세기 들어 겨우 독립했으니 많이 늦었다. 한창 법을 정비하고, 토지개혁과 화폐개혁을 단행하고, 국사 수업 때 들어봤던 듯한 제도적 정비를 하며 나라의 기틀을 세웠다. 그리고 때는 바야흐로 1938년, 즉 독립 후 딱 20년 후, 체코는 나치에 희생양으로 던져졌다.

이 결정은 1938년 뮌헨 협정에서 내려졌다. 체코의 동맹국이었던 프랑스를 비롯한 열강들은 독일의 야심이 동쪽으로 뻗어 나가길 바라면서 전쟁을 회피하고자 했다. 그 타협점이 체코를 독일에 넘기는 것이었다. 당연히 여기에 체코의 발

언권은 없었다. 그러나 당시 독일의 목표는 1차 세계대전 이전의 영광을 되찾는 것이었고, 우리 모두가 알다시피 나치는 유럽 전역으로 세를 뻗쳤다. 체코 국민들은 싸워보기도 전에 나치에 굴복해야 했다. 이 뮌헨 협정으로 체코슬로바키아의 군수산업이 밀집되어 있던 독일인 거주 구역 주데텐란트 Sudetenland는 독일에 합병되었으며, 다음해 3월 독일군은 체코슬로바키아의 나머지 영역도 점령했다.

제2차 세계대전이 독일의 패배로 끝난 1945년, 체코 프라하에 소련군이 입성했다. 1948년에는 공산당이 정권을 잡고, 본격적으로 철의 장막에 들어가게 되었다. 나치에서 벗어나자마자 소련의 위성국이 된 것이다. 산 넘어 산이다. 이후 체코는 소련의 눈치를 보며 정책을 결정할 수밖에 없었다. 부적절한 경제 정책으로 침체된 경기와 체코인들의 자치권을 제한하는 방침 때문에 소련에 대한 불만이 심화되었다.

1968년, 독일에서 68운동이 일어난 그해 체코에서는 '프라하의 봄'이 일어났다. 공산주의 내에서의 민주화 개혁이었지만, 언론·출판의 자유에 힘입어 민주화 논의가 공론화되었으며 시민들의 민주 의식이 고양되었다. 그러나 이는 얼마 지나지 않아 소련이 보낸 바르샤바 조약군에 점령당하는 결과로 끝났다. (불순한) 체코는 소련에 의해 소위 '정상화' 과정을 겪는다. 그러나 1989년에 접어 들어서는 동유럽 전체에 대대적인 혁명의 물결이 일었다. 11월 9일 베를린장벽 붕괴 직후, 체코에서는 공산 체제에 저항하는 '벨벳 혁명'이 일어났다. 평화적인 학생 시위를 폭동 전담 경찰이 진압하였고, 이에 반발하며 대대적인 대중 시위, 총파업, 거리 시위가 진행되었다. 이 혁명의 이름은 대통령이 된 바츨라프 하벨의 연설에서 비롯되었다. "우리는 평화적으로 혁명을 이루어냈다. 이는 벨벳 혁명이다."

소련이 공식적으로 붕괴한 것은 1991년이다. 1992년에 체코는 자유민주주의를 이념으로 채택할 것을 공식 선언했다. 이후 체코슬로바키아는 1993년에 체코와 슬로바키아로 분리되었다. 말하자면 체코공화국은 나라로서는 나이 스물도 안 된 신생국이다.

반면 체코의 저항 운동은 매우 뿌리 깊다. 오스트리아-헝가리, 나치 독일, 소련으로 이어지는 이름을 생각하면 수긍할 만하다. 이렇듯 자립성과 주체성을 추구하는 저항의 과정은, 동시에 '체코 문화'를 형성하는 과정이기도 했다. 예를 들면 독일어가 아닌 체코어가 문학에 쓰이기 시작한 것은 합스부르크에 지배당하던 18세기 말부터로, 이때가 체코의 민족 부흥기라 한다. 당시의 작가들은 애국주의, 민족부흥, 정치적·언어적 의식에 많은 관심을 가졌으며, 이를 위해 체코어를 적극 활용하였다. 독일 등 외부 문화에서 벗어나 자국의 문화를 만들어가기 위해 언어를 계발할 필요가 있었던 것이다.

억압과 명령이 있기 때문에, 자기가 하고 싶은 일을 하고 읽고 싶은 책을 읽는 행위 자체가 저항의 의미가 된다. 반대로 하지 말라는 사람이 있으면 더 하고 싶어지는 것처럼, 체코의 문화는 그렇게 나치와 공산주의를 불씨로 삼아 발전했다. 올샤 대사는 공산권 체제 아래서 몰래 SF를 찍어내던 시절에 대해 이야기를 풀어놓는다. "체코가 공산주의 국가였던 시절에는 정부에 의해 모든 것이 통제되었습니다. 과학소설 팬을 비롯한 어떤 분야의 동호회, 그러니까 마니아들만이 그나마 조금이라도 국가의 통제에서 벗어난, 독립적인 그룹으로서 활동할 수 있었습니다. (…) 모든 단체는 정부의 허가를 받아야만 했지만, 제가 활동하던 SF 팬덤, 그리고 팬진은 정부의 인가를 받지 않은 그룹이었기 때문에 경찰이 찾아오기라도 하면 정말 큰일이었어요. 그걸 알면서도 활동하는 것은 굉장히 스릴 있는 경험이었습니다. (웃음)"

체코에서는 어떻게 SF가?

체코가 한창 민족의식을 고취하고 자국에 대한 자부심을

발전시키던 1920년대, 전국적으로 퍼지던 양질의 교육체계를 기반으로 문예부흥 물결이 일었다. 이 시기 체코 문학의 대표 작가가 바로 '로봇'이라는 단어를 처음 쓴 것으로 유명한 카렐 차페크다. 그는 20세기 체코의 대표 작가로 그의 작품은 세계 여러 곳으로 널리 번역되었다. 소설가이자 극작가였던 그는 희곡 〈R. U. R〉에서 '로봇'이라는 자동기계 개념을 처음 등장시켰다. (그러나 실제로 이 단어를 처음 생각해낸 사람은 형인 요세프 차페크Josef Capek로, 카렐 차페크는 〈옥스퍼드 영어사전〉의 어원 담당자에게 이를 직접 전달한 바 있다.) 로봇robot은 '노예', '고된 일'을 뜻하는 체코어 '로보타robota'에서 온 말이다. 따라서 우리가 종종 지나치는 부분이지만, 로봇은 체코어다.

이제 본론이다. 체코에서 SF가 흥한 이유가 뭘까? 올샤 대사가 창간하고 편집에 참가한 월간 SF잡지 〈이카리에 XB〉(현재는 〈XB-1〉)는 한 달에 2만 부가 팔린다고 한다. 2만 부? 부가 설명에 따르면, 소설은 취향에 따라 사는 사람도 있고 안 사는 사람도 있지만, SF잡지는 관심 있는 사람 모두가 보기 때문이라고 한다. 그래도 체코 인구가 한국의 20%인 천만 명 정도라는 점을 고려하면 놀라운 수치다. 체코 내에서 연간 출판되는 SF소설은 국내 작품만 80종, 번역 작품까지 합치면 200~300종에 달한다고 한다. 책만이 아니라 SF영화 역시 활발히 제작되고 있으며, 국내에는 2009년 부천국제판타스틱 영화제에서 '체코 SF 세계와의 조우' 등으로 소개된 바 있다.

이런 SF 강세는, 체코의 대표 작가 카렐 차페크가 SF 작품을 여럿 썼다는 점을 생각하면 납득이 안 가는 것은 아니다. 하지만 작가 한 명으로 설명하기에는 뭔가 부족하다. 게다가 전형적인 자유주의 진영인 영미권에서 주로 발전한 SF가 '공산주의 진영'인 체코에서 어떻게 자리 잡을 수 있었을까?

1970~1980년대 체코 내에 번역 출간된 SF는 폴란드와 러시아 소설이 대부분이었다. 국내에도 소개된 바 있는 스타니스와프 렘이나, 소련의 스트루가츠키 형제 등의 작품이 소개되었다. (그렇다, SF는 여기에도 있었다.) 이후에도 SF 출간은 드물게 이루어졌으며, 특히 출판이 엄격히 제한된 공산 정권 아래서는 자유롭게 책을 펴낸다는 것이 불가능했다. 이때 SF는 주로 팬들이 손으로 찍어낸 팬진fanzine과 폴란드를 거친 중역본을 통해서 전파되었다고 한다. 체코 문학계는 당연히 경직될 수밖에 없었다.

올샤 대사는 인터뷰에서 공산주의 정권 붕괴 이후의 상황을 술회했다. "당시 체코는 SF뿐만 아니라 모든 것이 공산주의 체제와 함께 붕괴되어, 아무것도 없는 상황이었습니다. 그때 유일하게 살아남은 것이 바로 미국 대중문학이었죠. 또, 공산주의 체제에서는 검열 때문에 모두 받아들일 수 없었던 미국 대중문학 작품들을 이제부터 모두 출판하고 싶다, 읽고 싶다, 그런 일종의 허기가 있었습니다. (…) 왜냐하면 그때 체코 출판시장은 클라크, 아시모프, 브래드버리 같은 영미 작가들의 작품들로만 채워져 있었거든요. 공산주의 체제 붕괴 이후 5~6년간은 체코에서 체코어로 과학소설을 쓰는 작가들에게는 출판 기회가 전혀 없었어요. (출판사에서 작가를 찾으려 해도) 작가층도 많이 얇아져 있었죠." 자유를 강제로 막을수록 사람이란 열과 성을 다해 저항하게 되는 법이다. 그리고 SF는 문화적으로 꽉 졸려 있던 사람들의 숨통을 트는 역할을 한 것으로 보인다.

한편, 역사적으로 체코 사회는 외국의 문화 또는 혁신적인 것을 수용하고자 하는 욕구가 강했으며, 그렇게 들어온 문화는 빠르게 확산될 정도로 모방력 또한 강했다고 한다. 이런 성향은 공산권에서의 해방 후 영어권 문화를 적극적으로 수용하는 모습에서도 나타난다. 오늘날 체코 언중들의 담화를 살펴보면 영어 표현(특히 미국 영어)이 매우 일상적이고 보편적으로 쓰인다는 것을 알 수 있다. 독일어와 러시아어는 그렇게 대중화되지 않았다는 점을 고려하면, 체코인들은 영어권 문화를 매력적으로 느꼈으며, 나치-소련의 억압을 거부하고 자유의 문화를 환영한 것으로 보인다. 체코에서 지금과 같은 SF가 활성화될 수 있었던 데에는 이런 전반적인 체코 문화의 변화도 함께 작용했을 것이다.

체코 SF사

과학기술에 중점을 두었던 소련 SF나 스페이스 오페라가 대중적으로 알려진 미국 SF와는 달리, 체코 SF는 철학적이고 풍자적이라는 평을 듣는다. 그러나 현재는 작가군과 작품량이 대거 늘어난 만큼 영미권과 같은 다양한 하위 장르가 형성되어 있으며, 판타지와의 혼합 등도 빈번히 나타나고 있다. 국내에서는 체코 SF에 대한 자료를 거의 찾아볼 수 없는 관계로 제한된 수의 자료를 참고할 수밖에 없었으며, 인용 표시는 따로 하지 않았다. (참고 자료의 대부분을 기획·제작한 올샤 대사는 자료를 활용하는 것에 대해 흔쾌히 동의했다. 이 자리를 빌려 주한 체코 대사 야로슬라프 올샤 Jr.에게 감사를 표한다.)

(1) 19세기 말~1950년대: SF의 시작과 부흥

체코에서 소설은 1870년대부터 문학의 주류를 이루었다. 소설의 최초 목적은 교육과 재미였기 때문에 내용의 흥미로움이 중요했고, 이를 위해 소설에 나타난 세상은 비현실적이거나 공상적으로 그려지기도 했다. 이를 배경으로 풍자, 모험담, 여행기, 애정소설 등 장르와 주제가 매우 다양한 작품들이 나왔다. 최초의 체코 SF는 카렐 플레스카치의 〈달에서의 생활〉(1881)이다. 이는 가장 오래된 진정한 장편 SF소설이다.

20세기 초반은 작가들에게 일종의 전환점이었다. 체코가 오스트리아-헝가리에서 독립해 처음으로 체코슬로바키아라는 국가를 이룬 때이기도 하다. 독립한 체코슬로바키아에는 문화적으로 새로운 사상과 흐름이 유입되었다. 초현실주의, 다다이즘 등 프랑스의 아방가르드 문화, 영국이나 러시아의 소설들, 그리고 개인주의를 강조하고 이성적인 인식론을 부정하는 미국의 실용주의 철학 등이다. 이런 시대적, 문화적 배경을 업고 예술가들은 현실을 비판적으로 받아들이고, 체코 귀족 등 지배계급과 갈라서며 과거의 가치와 이상을 거부하였다. 그리고 실용주의와 같이 세상에 대한 개인적인 접근 방식을 추구하고 직접 경험을 우선시했다. 이에 따라 다양한 예술적 경향이 나타났으며, 카렐 차페크 역시 이런 문화 사조의 영향을 받았다.

1920년 카렐 차페크의 첫 번째 SF 작품 〈R. U. R. 로섬의 만능 로봇R. U. R. Rossum's Universal Robots〉이 나왔다. 이 작품은 나오자마자 큰 인기를 끌며, 미국에서는 1923년에 번역, 출간되었고, 한국에서는 1925년에 극작가 김우진에 의해 처음 번역되었다. 차페크는 철학을 전공하고 개인교사, 사서, 저널리스트로 근무했으며 번역가와 평론가로도 활동했다. 이런 경력은 그의 작품에서 근대사회와 기술 중심주의를 비판하고 인간의 한계를 고민하는 등의 모습으로 나타난다. 그는 노벨상 후보로 여러 번 거론되었으나, 파시즘을 정면으로 공격하는 그의 작품은 나치 독일의 압박으로 인해 결국 수상에 이르진 못했다.

카렐 차페크 스스로 SF 작가라는 의식이 있었는지는 모르겠으나, 훌륭한 SF 작품을 여럿 내놓은 것은 사실이다. 〈R. U. R〉을 비롯해 〈마크로풀로스 사건〉 등의 희곡과, 〈도롱뇽과의 전쟁〉(1936), 〈뉴트와의 전쟁〉(1937) 등이 SF로 볼 수 있는 대표적인 작품이다.

이후 차페크 외에도 다양한 테마의 SF가 나오기 시작했다. 미래 기술에 대한 낙관부터 사회에 대한 회의적이고 비판적인 시선까지, 아동문학에서 주류 문학까지 SF소설을 찾아볼 수 있다. 이르지 하우스만의 작품집 〈무모한 이야기〉에 실린 〈마이너스 1〉(〈체코 단편소설 걸작선〉에 수록)은 화폐가치가 -1로 떨어졌을 때를 가정하여 국가 주도 경제 정책의 어리석음을 신랄하고 재치 있게 풍자한다. 얀 바이스는 주류 문학과

SF에 걸친 이야기를 썼다. 그의 몽환적인 SF〈1000층의 집〉
(1929)은 세상에서 가장 큰 집에서 길을 잃은 눈 한 개의 이야
기를 카프카적인 분위기로 풀어나간다. 이 책은 독일부터 일
본까지 이삼십 개 국가에 번역된 바 있다. (영어로는 번역되지 않
았다.)

1930~1940년대를 대표하는 작가는 J. M. 트로스카다. 그
는 '지구 공동 제국'을 배경으로, 태양계의 여러 행성을 넘나
드는 모험소설 시리즈를 썼다. 이 시리즈는 이후 체코 SF 문
화를 형성할 사람들의 유년기에 SF를 심어놓았으며, 현재까
지도 여러 번 재간되었다. 그러나 2차 대전, 특히 1948년 공
산당이 집권한 이후, 트로스카의 작품은 중요성도 가치도 없
는 '퇴폐 모험소설'이라는 이유로 찾아볼 수 없는 책이 되었
다. 다른 SF 작품들도 '부적합' 혹은 '위험' 딱지가 붙어 사라졌
다. 창작 체코 SF 수 역시도 급격히 감소했다. 소수 출판된 아
동용 SF는 과학기술에 대한 흥미를 유도해 국가 발전으로 이
끌기 위한 것이었다. 따라서 보다 가깝고 '현실적인' 미래를
묘사했으며, 교육적인 모험 SF가 나타났다.

(2) 1960~1970년대: 공산 정권과 풍자

이후 1960년대의 주요 작가는 요세프 네스바드바가 있

다. 정신의학을 전공한 그는 짧고 재치 있는 문장으로, 빈정거림과 풍자가 묻어나는 작품을 주로 썼다. 대표작으로 뇌과학과 SF를 결합한 〈아인슈타인 두뇌〉(1960)가 있다. 그의 작품은 일찍이 영어로 번역되어 이름을 알렸으며, 세계 곳곳에서 널리 읽히고 있다. 루드비크 소우체크는 추리소설적 요소를 포함한 재치 있는 모험담을 썼다. 그의 대표작은 〈눈먼 새들〉(1964~1968) 3부작으로, 논픽션 요소가 강한 이 작품은 체코 SF의 전통을 잇는다는 평가를 받는다. 카렐 차페크의 〈도롱뇽과의 전쟁〉이 1930년대 국제사회를 배경으로 했다면, 〈눈먼 새들〉의 기반은 1960년대다. 둘 다 당시의 현실에 대한 날카로운 비판이 들어있으나, 소우체크는 냉전시대를 보다 낙천적으로 해석하며 이야기 속의 인류를 화성으로 이끈다.

1968년 프라하의 봄 이후, 바르샤바 조약군이 체코를 점령했다. 그리고 이어진 소위 '정상화' 시기에, 체코 문화는 수난을 겪는다. 이는 1970년대 체코 SF의 쇠퇴로 이어진다. 그러나 1970년대 말에는 야로슬라프 바이스, 온드르제이 네프 등의 새로운 작가들이 등장하여 SF의 맥을 이었다. 야로슬라프 바이스는 언론인이자 정치평론가로, 오랫동안 체코 국회의장 고문으로 활동한 이력을 지니고 있다. 그의 작품은 즉각 인기를 끌면서 성공했지만, 1970년대 발표한 작품의 대부분이 사실은 다른 사람이 집필했다는 것이 밝혀졌다. 원저자인 알렉산드르 크라메르는 반체제 지하세력으로 활동했기 때문에 공산 정권 아래에서는 작품을 출간할 수 없는 상황이었다. 바이스의 작품 〈집행유예〉(1986, 원제: 척골형 6개월, 〈제대로 된 시체답게 행동해!〉에 수록)은 전통 이슬람 법무부가 의학 기술에 제약을 가하는 근미래 이슬람 국가의 이야기다. 온드르제이 네프는 저널리스트이자 사진작가로 활동했으며, 쥘 베른에 관한 논픽션을 쓰면서 SF에 발을 들였다. 또한 체코 SF 역사를 처음으로 정리한 사람이기도 하다. 첫 번째 단편집 〈뒤집힌 달걀〉(1985)로 작가로서 이름을 알렸으며, 〈영원으로 향하는 네 번째 날〉(1987, 〈제대로 된 시체답게 행동해!〉에 수록)은 그의 두 번째 SF 작품집에 실려 있다. 야로슬라프 바이스는 1980년대 후반 이후 사실상 작품 활동을 중단했지만 온드르제이 네프는 현재도 왕성한 작품 활동을 하고 있다. 이미 여러 편의 베스트셀러를 썼으며, 한국에는 2009년 부천국제판타스틱영화제 때 체코 영화를 소개하고자 내한한 적이 있다.

(3) 1980~1990년대: 팬덤의 형성, SF 전문 출판사, 새로운 하위 장르들

1980년대에는 체코의 SF 팬덤이 형성된 시기다. 프라하,

플젠, 파르두비체 등지에서 SF 클럽이 생겨났으며, 1982년에는 '파르콘'이라는 이름으로 파르두비체에서 첫 번째 SF 컨벤션이 열렸다. 같은 해에 카렐 차페크상이 제정되었다. 신인 작가가 쓴 SF를 가리고자 체코슬로바키아 SF 클럽들이 모여 제정한 상이다.

이때 등장한 작가들은 대부분이 공산 정권의 검열과 통제 때문에 작품을 공식적으로 발표할 수 없었으며, 1990년대에야 처음으로 제대로 된 단편집을 출간할 수 있었다. 카렐 차페크상의 초기 수상자 프란티셰크 노보트니가 그 하나다. 노보트니의 〈불운한 착륙〉(1988)은 당시 공산당 정부가 운영하던 국영 출판사에서 검열을 당한 뒤 출간되었다. 그러나 대부분의 작품이 (비공식적으로 활성화되어 있던) 잡지와 SF 앤솔러지에 실렸다. 체코의 SF팬들은 이토록 SF 활성화에 일익을 담당했다.

1989년 벨벳 혁명 이후 공산당이 붕괴하자 검열받지 않고 출판업에 종사할 수 있는 시대가 왔다. 민주화와 함께 SF 관련해서도 여러 잡지와 출판사가 공식적으로 만들어졌다. 올샤 대사도 창간 멤버이자 편집진으로 활동한 팬진 〈이카리에 XB〉도 월간 잡지로 재탄생했다. 편집장은 온드르제이 네프가 맡았다. 〈이카리에 XB〉는 현재 〈XB-1〉이라는 제호로 나오고 있으며, 체코만이 아니라 유럽에서도 이름 있는 SF잡지로 자리 잡았다.

SF 전문 출판사들은 카렐 차페크상과 잡지를 통해 알려진 작가들의 첫 단행본을 출간하기 시작했다. 대개 공산당 시대에 쓰인 풍자적인 작품들이었다. 작품의 수준과 별개로 풍자성과 정치적 내용을 담고 있어 출간되지 못했던 것이었다. 그러나 대세는 영미 SF 번역물이었으며, 이 풍자적인 작품들은 비평적으로는 높은 평가를 받았으나 큰 인기를 끌지는 못했다.

영미 SF 번역이 보다 활발해지면서 영미권 SF의 영향을 받은 작품들이 나타났다. 액션 SF, 사이버펑크 등 새로운 하위 장르를 향한 시도였다. 카렐 베베르카와 페트르 헤테샤가 공저한 〈지옥에 오신 것을 환영합니다!〉(1991, 원제: 우리는 네가 간절히 보고 싶어!, 〈제대로 된 시체답게 행동해!〉에 수록)는 체코에서는 최초의 사이버펑크 SF로, 1986년 카렐 차페크상을 수상했다.

그뿐만 아니라 판타지소설도 등장했다. 체코에는 장르에 구애받지 않고 SF와 판타지를 함께 쓰는 작가들이 많다. 〈제대로 된 시체답게 행동해!〉의 저자 중 한 명인 야나 레치코바의 초기 작품은 '검과 마법류'의 정통 판타지였다. 그녀는 서서히 SF와 판타지가 혼합된 작품을 발표해왔으며, 〈잊혀진 사람들〉(2008)은 대재앙 이후의 '포스트 아포칼립스'를 다룬 하드SF소설이다. 앞서 언급한 프란티셰크 노보트니의 3부작 〈발할라의 기나긴 날〉〈발할라의 또 다른 날〉〈발할라의 마지막 날〉(1994~2007)은 전쟁과 환상성을 훌륭하게 결합한 작품이다. 1차 대전 때의 독일 전투기 조종사가 자신이 조종하던 복엽기와 함께 북구 신화의 사후세계 발할라에 끌려간 이야기로, 주인공은 용과 싸우고 히틀러가 세계를 지배하도록 하는 사악한 세력으로부터 세상을 구해야 한다. 그는 최근에는 환상적 요소를 가미한 역사소설을 쓰고 있다.

(4) 1990년대 중반: 짧은 쇠락과 주류 문학에서의 유입

1990년대 중반에는 SF소설만 연간 300편이 출간되었으며, 이 수는 지금도 비슷하게 유지되고 있다. 그러나 체코의 창작 SF는 일종의 쇠락을 겪었다. 독자층이 얇아 국내 작가의 작품이 나와도 수익을 별로 기대할 수가 없었다. 출판사들은 영미권 소설을 번역 출판해서 번 돈으로, 체코 작가의 출판으로 인한 손실을 만회했다. 새로운 작품의 숫자는 연간 이삼십 개로 감소했다. 당대 최고의 SF 작가 온드르제이 네프는 예외였다. 그의 〈밀레니엄〉(1992~1995) 3부작은 걸작으로 꼽힌다. 공산 정권 시절부터 체코슬로바키아가 독립 후 체코와 슬로바키아로 분리됐을 때까지 쓰인 이 시리즈는, 밀레니엄에 대한 공포를 바탕으로 복잡한 층위의 이야기를 풀어나가는 모험소설이다. 1990년대 말 체코의 실제 상황을 섞으며 인류의 문명이 갑자기 암흑시대로 돌아가는 이야기를 다룬 〈암흑〉(1998)은 모든 장르문학상을 수상하며 출간 일주일 만에 품절될 정도로 인기를 끌었다.

이 시기에는 또한 기존 SF 공동체 외부의 주류 문단에서 SF와 판타지 요소를 가진 소설들이 나오기 시작했다. 철학자 미할 아이바스는 환상적인 분위기의 장편소설 〈다른 도시〉(1993), 〈황금시대〉(2001) 등을 썼는데, 이 작품들은 2009년 영어로 출판되어 미국의 여러 장르문학상을 수상하기도 했다. 가장 독특한 작가는 얀 크르제사들로다. 포스트모더니스트이자 고전 교육을 받은 그는 매우 다재다능한 사람으로, 그의 최고 걸작은 사후에 출판된 6576행짜리 장시 〈아스트로나우틸리야, 작은 스페이스 오디세이〉(1995)라 할 수 있다. 얀 크르제사들로가 직접 고대 그리스어(⋯)로 글을 쓰고 체코어로 번역한 책이다. 내용은 〈스타트렉: 넥스트 제네레이션〉의 패러디로, 호메로스풍의 6보격 서사시 형식으로 쓰였고, 매우 희귀한 초대형 판본으로 출간되었다. 한 글자도 못 읽어도 좋으니 구경이라도 해보고 싶은 책이다.

(5) 2000년대~현재: SF의 대중화

2000년대에는 창작 SF와 판타지에 새로운 붐이 일었다. 이를 선도한 작가는 이르지 쿨하네크로, 그는 직설적이고 폭력적이지만 인기 있는 SF·판타지·호러 작품을 썼다. 그런 특징이 잘 드러난 작품으로 〈피의 길〉(1996~1997) 2부작이 있다. 정체불명의 외계인들이 하룻밤 사이에 지구 인류 대다수를 납치하고 남은 사람들을 피에 굶주린 좀비로 만들어버린 상황에서, 다른 생존자를 찾고자 분투하는 주인공을 다룬다.

2000년대 중반에는 장르문학 출판이 매우 활발해졌으며, 사색적이고 문학적인 작품을 쓰던 기존의 SF 작가들과 달리 공산주의를 겪지 않은 세대의 작가들이 대거 합류했다. 이들은 SF와 판타지를 넘나들며 활발한 활동을 펼치고 있다. 이들은 새로운 성향의 SF 작품을 발표하며 체코 SF를 풍성하게 채우고 있다. 특히 주목할 만한 작가는 미로슬라프 잠보흐다. 그는 물리학자 출신으로, 액션SF, 추리, 판타지, 스파이소설 등 모든 분야에서 다재다능함을 보이는 작가다. 1972년생으로, 2000년에 첫 작품집을 낸 후 이미 스무 종이 넘는 책을 출판했다.

〈이카리에 XB〉를 비롯한 장르 전문 잡지들과, 체코 작가의 단편을 모은 앤솔러지들은 장르문학을 대중적으로 키우는 데 중요한 역할을 수행했다. 체코에서 창작된 장르문학의 수는 1999년에는 연간 50편, 2010년에는 80편에 이르렀다. 장르문학을 정기적으로 발표하는 작가 수도 180명을 넘었다. 흥미롭게도 이 중 전업 작가는 정말 드물다고 한다.

현재 체코에서는 다양한 세대의 SF 작가들이 참가하는 〈첩보원 JFK〉라는 릴레이 소설 프로젝트가 진행되고 있다. 무적의 첩보원 존 프란시스 코바르시JFK가 은하계를 누비며 임무를 수행하는 시리즈로 2005년부터 시작해 현재 26권까지 나왔다. 거장 온드르제이 네프는 시리즈의 열 번째 책을 맡았는데, 그 제목은 〈예루살렘 전기톱 학살〉(2007)이다. 신예 미로슬라프 잠보흐는 이 중 여덟 권(네 권은 이르지 W. 프로하즈카와 공저)을 맡았다. 이런 프로젝트의 원조라 할 수 있는 독일의 〈페리 로던〉 시리즈는 1961년부터 시작해 2007년까지 2400권이 출간되었다. 과연 체코의 JFK는 어디까지 뻗어나갈 것인지 매우 기대된다.

한국의 체코 SF

체코 SF에 관심이 생겼다면, 카렐 차페크의 〈도롱뇽과의 전쟁〉(2010)을 추천한다. '로봇'이 처음 등장했다는 그 〈R. U. R〉 역시 국내에 〈로봇〉 〈로섬의 유니버설 로봇〉 등의 제목으로 소개되어 있다. 그러나 최초의 로봇을 구경하겠다는 생각이 아니라면 〈도롱뇽과의 전쟁〉을 먼저 읽길 추천한다. 로봇이 세상을 뒤집는 내용은 지금에 와서는 아무래도 식상한 면이 있으며, 희곡 형식이라 낯설 수 있기 때문이다. 〈도롱뇽과의 전쟁〉은 "멍청한" 종이었던 도롱뇽들이 인간에게 부려지면서 차츰 "진화"해가는 과정을 차근차근 서술한다. 저널리스트 출신답게 사건을 여러 시각으로 조명하며 직접 생각해볼 여지를 남겨두고 있다. 배경으로 묘사된 당시 국가 간 권력관계를 제외하면, 도저히 20세기 초에 발간된 책이라고는 믿을 수 없을 정도로 세련된 책이다.

〈제대로 된 시체답게 행동해!〉(2011)는 현대 체코 SF 작가들의 단편을 모은 앤솔러지다. 1960년대부터 21세기에 이르기까지, 다양한 성격의 수많은 작품들 중 열 편을 골라 한 권으로 묶었다. 영미권과는 다른 종류의 수준 높은 SF를 접할 수 있다. 저자들은 (국내에 소개되지 않았을 뿐) 이미 많은 작품을 내놓은 숙련된 작가들이며, 대부분이 현재도 활발하게 활동하고 있다.

올샤 대사는 한국에서 한국 SF를 발견한 후 매우 놀랍고 흥분했다고 밝혔다. 그는 외교관으로서 가는 곳마다 SF를 수집하고 있었는데, 한국 SF에 관해서는 한국에 온 이후에야 알

앉던 것이다. 나름의 위상을 지닌 체코 SF가 활발히 번역되는 것과 동시에, 한국 SF도 체코팬들에게 알려질 수 있기를 바란다. 그를 통해 SF가 아니었다면 몰랐을, 새로운 영역을 발견할 수 있기를 바란다.

카렐 차페크의 다른 책

그의 집필 분야는 매우 광범위했지만, 전체적으로 크게 두 가지 테마로 나눌 수 있다. 하나는 개인으로서 인간 내면의 삶을 표현한 것으로 〈신의 고뇌〉 〈호르두발〉 〈유성〉 〈일상다반사〉 등의 작품이 대표적이다. 이를 통해 작가는 인간의 인지적 한계를 찾아내고 실제 세계에 대한 다양성과 지적 능력을 보여준다. 다른 하나는 〈절대자를 생산하는 공장〉 〈크라카티트〉 〈로섬의 유니버셜 로봇〉 〈마크로풀로스 사건〉 〈도롱뇽과의 전쟁〉 〈백병白病〉 등의 유토피아적 소설과 희곡이다. 차페크는 이들 작품을 통해 근대사회를 비판하면서 기술을 반인간적인 수단으로 표현함과 동시에 파시즘의 확대를 경계하였다. 이러한 작품들로 카렐 차페크는 형인 요세프 차페크와 더불어 과학소설SF의 시조로 불린다. 물론, 그는 이에 동의하지 않았을 수도 있다.

한편으로 〈첫째 주머니의 이야기〉와 〈둘째 주머니의 이야기〉에서처럼 그가 범죄 분야에서 인간의 마음과 행동을 잘 이해하고 이야기를 재미있게 풀어가는 능력을 보여주는 단편들도 주목해 볼 필요가 있다. 〈9개의 동화〉와 〈다셴카, 한 강아지의 삶〉 같은 어린이를 위한 책들의 집필과 근대 프랑스 시인의 작품 번역도 그의 주요 활동에 속한다.

참고한 책들

마지막으로, 이 글을 쓰면서 참고한 문서들을 밝힌다. 전문가가 쓴 것이 아니고, 간결하게 전달하도록 노력했으므로 사실과 다른 점이 있을 수 있다. 보다 정확한 정보를 위해서는 아래 사이트와 책들을 참고하기 바란다.

· 주한 체코 공화국 대사관
· 〈시사IN〉 'SF 소설 고수인 체코 대사를 만났다'
· 〈경향신문〉 'IT강국 한국에, 체코 SF문학의 진수 소개합니다'
· 〈환상문학웹진 거울〉 '야로슬라프 올샤 jr. 주한 체코 대사와의 만남'
· 〈판타스틱〉 'SF/판타지 소설의 외교관 야로슬라프 올샤 Jr. 주한 체코 대사 인터뷰'
· 〈도롱뇽과의 전쟁〉 카렐 차페크 지음, 김선형 옮김, 열린책들, 2010
· 〈제대로 된 시체답게 행동해!: 체코 SF 걸작선〉 야나 레치코바 외 지음, 야로슬라프 올샤 jr., 박상준 엮음, 김창규 외 옮김, 행복한책읽기, 2011

· 〈체코 단편소설 걸작선〉 얀 네루다, 카렐 차페크 외 지음, 이바나
   보즈데호바, 야로슬라프 올샤 jr.엮음, 김규진, 김동기, 이정인 옮김,
   행복한책읽기, 2011
· 〈프라하: 작가들이 사랑한 도시〉 얀 네루다, 프란츠 카프카 외 지음,
   이정인 옮김, 행복한책읽기, 2011
· 〈(간추린) 체코 역사 이야기〉 페트르 초네이르, 이르이 포코르니 지음,
   서강대학교 HK 동유럽연구사업단 옮김, 다해, 2011
· 〈동유럽 발칸, 민주화와 문화갈등〉 정병권 외 지음, 한국외국어대학교
   출판부, 2005
· 〈동유럽의 민주화: 체제이행의 역동성〉 이상환, 김웅진 외 지음,
   한국외국어대학교 출판부, 2004

규격화된 삶의 절망
〈하이-라이즈〉
1975, J. G. 밸러드

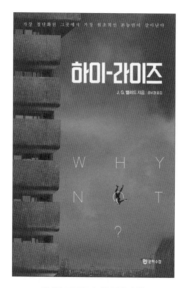

〈하이-라이즈〉ⓒ문학수첩

시인은 이렇게 썼다. "나를 키운 것은 8할이 바람이었다."
도시에서 나이 든 사람이라면 이렇게 써야 한다. "나를 키운 것은 8할이 아파트였다." 세대를 불문하고, 우리는 아파트를 통해 도시에서 생활하는 법을 배웠다. 이웃이 엘리베이터를 타면 새침하게 무관심해지는 법, 아파트 평수와 땅값으로 사람을 재는 법, 규격화된 틀 안에서 튀지 않게 개성을 지니는 법 등을 배웠다. 정방형 창문과 정방형 복도와 문이 우리가 기억하는 풍경이다. 정교하게 계획된 아파트 단지는 자기 완결성을 지니며, 그것은 잔디밭과 나무와 피트니스 센터와 주차장과 상가와 슈퍼마켓을 포함한다. 고급 아파트일수록 거주민은 그 밖으로 나갈 필요가 없다. 제임스 그레이엄 밸러드가 쓴 〈하이-라이즈〉의 배경이 바로 이런 곳이다. 주인공들이 입주한 아파트 안에는 모든 것이 갖춰져 있다.

고층 아파트와 문명

"고층 아파트는 대단한 규모를 갖추었을 뿐 아니라, 감동적일 만큼 다양한 서비스를 제공했다. 항공모함의 비행갑판만 한 규모의 10층 중앙 홀에는 슈퍼마켓, 은행, 미용실, 수영장, 체육관, 온갖 술이 갖춰진 주류 판매점, 건물 내 몇 안 되는 어린아이들을 위한 초등학교까지 있었다. 35층에는 보다 규모가 작은 수영장이 하나 더

있고, 사우나와 레스토랑도 갖춰져 있었다. (…) 여기서는
하늘에서 지상을 내려다보는 기분을 만끽할 수 있었다."

옥상에는 정교하게 설계된 조각 정원과 놀이터가 있다. 열
몇 개의 엘리베이터가 쉴 새 없이 오르내리며 거주자들을 실
어 나른다. 개중 몇 개는 1층에서 30층 이상으로 직행하는 고
층 전용 엘리베이터다. 총 40층 높이의 다섯 동이 2000여 명
을 수용한다. 집마다 에어컨, 상수도 설비, 쓰레기 투하 장치
등이 세심한 서비스를 제공한다. 런던 시내와는 한참 떨어진
한적한 곳에 괴물 같은 군락이 솟아난 것이다. 이 소설이 처
음 나온 때는 1975년이지만, 우리는 작중의 고급 아파트에서
익숙한 고층 건물의 모습을 떠올릴 수 있다.

당시 이러한 대형 고층 아파트는 매우 거대한 프로젝트
였을 것이다. 작가는 이 비싼 공간의 판타지아를 그리는 데는
관심이 없다. 시작은 고급 아파트였으나 끝은 현대의 야만이
다. 책의 중간 부분부터 이미 아파트는 문명 세계에서 벗어난
별개의 생태계가 된다.

처음의 갈등과 반목은 아주 사소한 것이었다. 위층에서 파
티를 벌이던 누군가가 병을 발코니로 내던졌다. 아래층 거주
자는 그 파편을 고스란히 맞는다. 층간 소음 문제에 대해서는

우리도 익히 아는 바다. 다만 〈하이-라이즈〉의 아파트는 매우 폐쇄적이고 자기 완결적인 구조로 되어 있으며, 따라서 보다 직접적으로 서로 영향력을 주고받는다. 위층에서 던진 쓰레기가 필연적으로 아래층으로 굴러 들어가는 것과 마찬가지로, 학교, 레스토랑, 마켓, 수영장을 이용하는 사람들은 반드시 마주치게 된다.

아파트에 마지막 입주자가 들어왔을 때, 그러니까 모든 입주가 완료되었을 때, 그때까지는 층과 층 사이의 교류가 있는 편이었다. 입주민의 대부분은 부유한 전문직으로, 매우 동질적이다. 25층에 사는 로버트 랭 박사는 비슷한 층에 사는 샬럿과 좋은 시간을 보낸다. 그의 누나인 앨리스는 22층에 산다. 가끔 2층에 사는 리처드 와일드와 함께 어울리기도 한다. 거주민들은 자유롭게 엘리베이터를 이용할 수 있었으며, 층 사이의 경멸과 혐오는 비가시적인 영역에 머물렀다. 레스토랑은 누구나 오갈 수 있지만, 대신 가격대가 비싸 상류층 사람들이 아니면 집에서 요리하는 것을 선호했다. 아이들은 언제나 문제이긴 했다. 상층부 거주자들에게는 아이가 거의 없었으며, 아이들이 뛰어다니며 시끄럽게 구는 것을 싫어했다. 그래도 눈에 보이는 제재는 수영장의 운영 시간을 정해두는 정도였다.

입주자가 거주하는 층수는 그 사람의 계층을 수치화한다. 10층까지는 수입이 적은 직업에 종사하는 이들이 산다. 30층 이상에는 배우, 은행가, 성공한 사람들이 거주한다. 최고층인 40층에 거주하는 사람은 아파트를 설계한 사람이자 최초 입주자인, 아파트의 비공식적 지배자 앤서니 로열이다. 중간층은 중간 지대를 형성하며, 의사 등 높은 학력에 고수익을 올리는 전문직이 산다. 그들의 층수를 평수로 환산하면 그대로 한국의 모습이 된다. 몇 층에 사는지가 그 사람을 말해준다. 다만 이 아파트에서는 그 모두가 한 건물에 있기에, 거주지를 통한 계층 갈등이 압축적으로 표출된다. 거주자들은 밀실에 갇힌 무리처럼 아우성친다. 갈등의 수위가 폭주해 올라가며 층간 싸움은 극단적인 방향으로 치닫는다.

이들의 막장은 아주 볼만하다. 아래층 패거리가 흉흉하게 몰려가면, 위층 사람들은 스크럼을 짜고 바리케이드를 만들어 접근을 차단한다. 학교는 부서지고 수영장엔 시체가 섞여 반쯤 누렇게 변한 물이 떠다닌다. 동물들은 잡아먹히고, 앤서니 로열의 상징이던 흰 셰퍼드는 처참하게 두들겨 맞는다. 아파트 근처 주차장 차량들은 떨어진 물건들로 인해 전부 박살 난다. 불륜과 강간이, 이를 금지하는 도덕도 윤리도 없는 상태에서 스멀스멀 늘어난다. 폭력이 횡행한다. 사람들은 아무 데나

용변을 본다. "새로운 질서가 출현한 후로 이 고층 아파트 건물에서는 '치안, 식량, 섹스'를 확보하는 것이 가장 중요했다."

마조히즘, 불안에의 대처법

거주민들이 파괴적으로 변할수록 등장인물의 행동에는 남성적 욕망이 극대화되어 나타난다. 특히 하층부를 대표하는 인물인 리처드 와일드가 그렇다. 그는 자신의 남성을 과시하는 인물이고, 싸움의 선두에 서는 야만인이며, 더 위로 더 앞으로 고층 아파트를 등반하는 인물이다. 유망하고 재기 넘치는 저널리스트의 모습을 벗은 다음의 일이다. 그는 전라로 화장실 거울을 보며 자신의 "하얀 곤봉"을 자랑스럽게 여긴다 (그는 백인이다). 다른 남자 앞에서 그의 부인을 강간하는 것을 즐기고, 욕실 바닥을 타고 흐르는 소변을 보며 쾌락을 느낀다. 개가 그러듯, 소변을 보는 것은 세력권을 나타내는 원시 시대의 표현 욕구를 나타내는 것이다. 이에 대한 정신분석학적 용어는 다음과 같다: "퇴행"

최상위층의 앤서니 역시 남성적 욕망을 강하게 표출하는 인물이다. 입주민들이 질서에서 탈출을 시도하기 시작할 때, 그는 우연히 울고 있는 미망인을 보며 갑작스레 주체하기 힘든 성욕을 느낀다. '섣불리 다가갔다간' 그를 죽일지도 모르는 여자이기 때문이다. 그 아래에는 자기를 내버리고 싶어 하는 마조히즘과, 대상을 지배하고 싶어 하는 정복욕이 깔려 있다. 로버트의 마조히즘도 이와 비슷하다. 그는 두 여자를 데리고 살며 '보호'하기로 마음먹는데, 그녀들의 역할은 버릇없는 부잣집 아이를 괴롭히는 가정교사와 비슷하다. 로버트는 겉으로는 천대받으며 실제로는 여자들을 지배하는 역할 놀이에 크게 만족한다.

퇴행은 미숙과는 다르다. 한번 성숙했던 이가 이전 단계로 돌아가는 것이 퇴행이다. 개인이 너무 무거운 짐이 된 시대에는 독재가 성립한다. 〈자유로부터의 도피〉는 히틀러가 집권하게 된 배경, 혹은 독일인들이 그 야만에 순응한 이유를, 자유가 너무 무거워 누군가에게 맡겨버리고 싶었기 때문이라고 파악한다. 퇴행 역시 발달 과업이 너무 무거울 때 일어난다. 이전 단계로 도피하면 책임을 지지 않아도 되기 때문이다. 마조히즘의 쾌락은 자기 자신을 책임지지 않아도 된다는 해방감에서 온다. 문명과 교양을 내던진 이들이 퇴행과 마조히즘의 모습을 동시에 나타내는 것은 매우 자연스럽다. 난동을 부리고, 내키는 대로 행동할 여지를 요구한다. 욕망을 마구잡이로 분출할 기회, 그것이 〈하이-라이즈〉의 모습이다. 원시의 '고귀한 야만인'은 욕구가 없기에 야만 상태에서도 자유롭고 고귀하지만, 이들은 결핍을 느끼기에 악의에 가득 차 있다. 그리고 분노하고 있기 때문에 위험하다. 도를 지나친 방종, 무질서, 폭력이 있다.

아파트, 규격화된 삶

> "탁자 위에 놓인 둥근 접시들, 올리브, 베이컨, 피클과
> 캠벨사의 깡통 수프, 그것들의 다른 이름은 서울이다.
> 서울은 카길사의 소고기패티를 얹은 흰 밀가루빵이며
> 그것의 다른 이름은 자유이다. 그것이 지옥인 이유는
> 영혼이 없기 때문이다. 도시는 영혼이 없다, 인간에게
> 영혼이 없듯이, 풍경은 의미 없이 걸려 있고, 더 이상
> 하늘은 색의 변화로 시간을 가리키지 못한다. 계절은
> 가을을 가리키지만 나는 그것을 볼 수가 없다. 대신
> 보이는 것은 펼쳐진 아파트들이다."
>
> – 김사과, 〈매장〉 중

이들이 도피하고자 하는 책임은 어떤 것일까? 작중에 등장하는 정신과 의사 에이드리언은 거주민들의 모습을 '악의로 가득한 후기 프로이드적 자아'로 비유한다. "지나치게 자식

의 응석을 받아주면서 용변 교육을 시키고 헌신적으로 모유수유를 해주고 애정을 퍼붓는 부모에게 분노하는 자아들"이라고 말이다. 이 자아는 "자기네가 행복한 유년 시절을 보냈다는 점에 분노하는"데, 그것은 "비뚤어질 삶을 살 기회가 주어지지 않았던 게 억울"하기 때문이다.

고급 아파트는 과거라면 유능한 하인 100여 명이 있어야 가능했을 서비스를 가뿐히 제공한다. 하이-라이즈의 물적 기반은 현재로서는 '평범한' 환경이다. 지금 세대 역시 '배부른' 삶을 살고 있다. 전쟁이나 굶주림을 겪은 기성세대와는 다르게 20~30대는 직접적인 외상이 없다. 그러나 헌신적인 부모 아래서 자란 배부른 청소년이 외치는 말을, 우리는 안다. "가만히 좀 내버려둬." "잔소리 그만해." "안 되는 걸 어떡해."

아파트가 상징하는 규격화된 삶은 많은 것을 요구한다. 닥치고 공부하기, 좋은 대학에 가기, 좋은 직장에 취직하기, 좋은 배우자와 결혼하기. 고급 아파트의 각 창에는 놀라울 정도로 동질적인 장식물이 개성과 창의력과 올바른 삶의 옴짝달싹할 수 없는 틀처럼 달려 있다. 노력하더라도 벗어날 수 없다. 등록금과 취업난에는 대책이 없다. 물질적 빈곤과는 다른 체계에서 오는 결핍. '절망적 분노'다. 아파트에서는 사람이 아니라 시스템이 시중을 든다. 이 간편하고 모던한 시설은 그대가로 거주자들이 틀에 맞춰 주조되기를 요구한다.

로버트는 분명 아파트 밖으로 나가려고 시도한다. 그의 모습은 "장기간의 형기를 마친 후 정장을 차려입고 교도소를 나오면서 낯선 햇빛을 향해 눈을 깜박이는 죄수 같"지만, 그는 밖으로 걸어 나가는 데 성공한다. 밖에서 아파트 옆 동을 올려다보니, 그곳도 "로버트가 거주하는 건물의 주민들이 사용하는 커튼이며 식기세척기를 그대로 옮겨다 놓은 것처럼 비슷한 양식으로 집 안을 꾸며놓고 있었다."

가장 높은 층의, 가장 책임을 많이 지면서도 우월한 관찰자 입장을 취할 수 있었던 앤서니는 아래층의 규격화된 세련됨을 혐오한다. 입주자들은 "하나같이 무슨 상을 받기는 했지만 20세기의 마지막 사반세기에 제도화되어 버린 인테리어 장식밖에 모르는 저급한 심미적 감수성"을 갖고 있었다. 아파트는 "세련된 취향, 설계가 잘된 주방, 고상한 조리 도구와 직물 커버, 우아하지만 지나치게 호사스럽지 않은 가구들을 보여주는 기념물"이다.

아파트 밖은 깨끗하고 정돈되어 있으며, 그 모습은 극히 위협적이다. 똑같이 따라오라고, 규정에 맞춰야 한다고 암묵적으로 압박을 가하기 때문이다. 로버트는 꾸밀 필요가 없는 어둠과 악취 속에서 도리어 편안함을 느낀다. 자포자기한다.

밖은 깨끗하고 정돈되어 있으며, 로버트는 이에 악취로 무장한다. 앤서니는 속삭인다. "소위 문화인이라고 하는 냉철한 전문 직종의 남녀들이 이성적 행동과는 거리가 먼 짓을 하고 있으니 얼마나 보기 좋은가." 그렇기에 그는 "우아한 가구와 지적 감수성으로 무장한 채 탈출구 없는 비싼 아파트에 갇혀 사는 사람들, 그 사람들의 집 벽난로 위에 저속한 장식물이 하나라도 놓여 있기를, 그 사람들이 이곳에서 벗어날 수 있는 작은 희망이라도 품기를" 고대해 마지않는다.

그리고 이러한 규격에서의 탈출이 바로 그가 죽을 때까지 이루지 못한 것이다.

그러나 아무도 이야기하지 않는다

상황이 이렇게 될 때까지 경찰은 뭘 했을까? 왜 그들은 '이성적으로' 도움을 청하지 않을까? 왜 아무도 아파트를 떠나지 않을까? 경찰 등 공권력의 개입은 없었다. 이야기가 끝날 때까지 아무도 신고하거나 도움을 요청하지 않는다. 거주자 중에는 언론사에 종사하는 사람도 여럿 있었지만, 아파트의 상황은 전혀 공개되지 않았다. 경찰이 오면 오히려 웃으며 뛰어나가 아무 일 없다고 설득한다. 앤서니의 부인인 앤은 아파트 생활에 불만이 많지만 친구들에게는 한 번도 불평을 꺼낸 적이 없다.

아파트가 온통 쓰레기 더미에 둘러싸인 상황에서도 몇몇
은 멀쩡하게 출퇴근을 한다. 낮 시간은 인간의 시간이다. 사람
들은 누군가가 문제를 해결해주길 바라지만, 그러면서도 누
구도 내부 상황을 절대로 알리지 않는다. 날마다 시체를 뛰어
넘으며 약탈, 강간, 살인을 반복하는 사람이, 외부인들 사이에
서는 멀쩡한 얼굴로 있었다는 뜻이다. 아파트는 이 모든 범죄
마저 내부에서 독점한다.

〈하이-라이즈〉가 출간되기 3년 전인 1972년, 미국 세인
트루이스의 대규모 아파트 단지 프루이트 아이고Pruitt-Igoe가
세인트루이스 당국의 결정으로 폭파 해체되었다. 프루이트
아이고는 대규모 아파트가 그대로 암묵적인 범법 공간이 된
실례였다. 세인트루이스는 폭발적으로 늘어난 빈곤 인구에게
집을 제공하고자 1954년 대규모 공공 주택단지 건설 프로젝
트를 출범했다. 그러나 인종 분리, 슬럼화가 극심해지면서 이
곳은 쓰레기와 범죄로 가득 찬 공간으로 변모했고, 결국 도시
재건축 및 공공 정책 실패의 상징이 되었다. 〈하이-라이즈〉의
아파트는 해체되진 않지만 마찬가지로 폭력과 약탈 경제와
반달리즘에 따르는 세상으로 변한다. 쓰레기 분리수거를 하
듯 이곳과 저곳의 상식은 분리된다. 작중에는 이런 장면이 나

온다.

　　"이 아파트 단지 프로젝트를 진행하는 본사에서 파견된
　　환경보건기사가 방문했는데, 건물 상태가 나빠진 것이
　　쓰레기 처리 시스템에 발생한 작은 문제 때문이라는
　　결론을 내리고는 30분도 채 지나지 않아 가버렸다.
　　주민들이 공식적으로 항의하지 않는 한, 앞으로도 어떤
　　조치도 취해지지 않을 것이다."

　　로버트는 전화번호부와 의자를 태운 불에 개를 구워 먹으
며 모든 것이 정상으로 돌아가고 있다고 생각한다. 의과대학
실험실에서 학생들을 감독하러 나갈 생각을 한다. 물론 그는
다시는 밖으로 나가지 못할 것이다. 그는 전깃불이 사라진 캄
캄한 어둠의 세계에 떨어진 이들을 환영한다. 어둠과 야만 아
래서는 위선이 없다.

　　앤서니는 아파트를 그의 동물원으로 여긴다. 옥상의 사육
장에 들어간 개 무리를 돌보는 것처럼, 발아래 거주민들을 동
물원 안에 거느렸다고 느낀다. 끝없이 뻗어 올라간 발코니, 수
직으로 층층이 솟아 있는 우리의 모습은 동물원이 되기에 충
분하다. 구획에 갇힌 동물들은 치부를 내보이는 데 익숙하다.

다만 앤서니가 생각하지 못한 점은, 동물들이 우리를 여는 법을 알았다는 것이다.

하지만 과연 '밖'으로 나가면 괜찮아지는 것일까? 아파트의 모습은 어디에나 있다. 도무지 감당할 수 없는 존재로 공인되어 '공식적으로' 문제 제기가 되기 전까지, 주민들은 '정상적인' 삶을 이어갈 것이다. 해결책 대신 리처드의 말을 인용할 수 있을 것 같다. 그는 정신이 나간 노부인에게 산탄총을 던져주면서 말한다. "꺼져, 알아서 스스로를 구원하든지 말든지……."

죽음으로 구획된 계층 사회
〈불사판매 주식회사〉

1959, 로버트 셰클리

〈불사판매 주식회사〉 ⓒ행복한책읽기

　　인류의 미래를 그리는 방법에 낙관론과 비관론이 있다면,
낙관론은 인간이 장차 만족스러운 생활을 영위할 수 있는 평

화로운 사회를 건설하리라 믿는다. 만약 죽음이라는 제약에서 자유로워진다면 인간은 더 위대하고 현명한 존재가 될 것이다. 사람들이 '복권에 당첨된다면'류의 일확천금 상상을 하면 하고 싶은 일을 다 하리라고 다짐하듯, 모든 것을 빼앗아가는 죽음에서 비껴갈 수 있다면 인간은 눈앞에 집착하지 않고 보다 멀리 나아갈 것이기 때문이다. 〈불사판매 주식회사〉가 나온 1959년 미국에는 이런 종류의 낙관주의가 팽배하고 있었다.

1950년대는 미국이 경제적으로 가장 부유했던 시기다. 대공황은 거짓말처럼 사라지고 전쟁도 끝났다. 승전국인 미국은 "풍요의 사회"라 불릴 만큼 경제적 부가 넘쳐나고 복지 혜택 등 사회적 안전망이 갖춰지던 호시절을 누렸다. 소련과의 군비 경쟁에 들이던 노력은 달 탐사로 옮겨갔고, 당시에는 그 성과가 가시적으로 드러나고 있었다. 스푸트니크 3호 발사와 NASA 발족 모두 1958년에 이루어졌다. 사람들은 인류의 우주 진출을 꿈꾸며 낙관주의에 잠겨 가진 돈을 아낌없이 소비했다. 이들에게 미래는 분명 장밋빛이었다.

〈불사판매 주식회사〉의 미래는 죽음마저 극복된 세상이다. 미래가 되자 내세가 존재한다는 것이 밝혀졌기 때문이다. 죽음 이후에도 삶은 이어진다. 죽고 나서도 생전에 알던 사람들과 통신할 수 있고 하던 일에 간섭할 수 있다. 유령 상태가 싫다면 다른 사람의 몸을 사들여 거기 사는 것도 가능하다. 죽음은 더 이상 '끝'이 아니다. 사후 세계의 발견으로 인해 사람들은 죽음을 일종의 '이벤트'로 받아들이게 되었다. 첫사랑이나 결혼처럼, 시기는 사람마다 다르지만 되면 누구나 한 번쯤 겪는 인생의 대소사 말이다. 한번 죽음과 결혼하면 이혼할 수 없다는 점이 다를 뿐이다.

저자 로버트 셰클리는 "변덕스러운 회의주의자"라는 자신의 말처럼, 미래를 치장하는 대신 그에 대한 비뚤어진 풍자를 담아낸다. 〈불사판매 주식회사〉의 사람들은 더 나은 사회를 만드는 대신 삶을 낭비해버리는 쪽을 택한다. 들어오지 않은 일확천금을 기부하기로 마음먹는 건 쉽지만, 실제로 거저 굴러 들어온 돈은 낭비해버리기가 훨씬 쉬운 법이다. 많은 사람들이 죽음이 끝이 아니라는 걸 알자 자기가 살아 있음을 중요하게 여기기는커녕 모든 금지된 것을 탐험해보고자 했다. 작중 화자는 이를 광란의 시대라고 표현한다. "소년 소녀들이여, 삶을 탕진하자. 지상의 육肉을 여기 있는 동안 즐기자. 왜냐하면 영혼이야 사후에도 많으니까." 일부 사람들은 고문 클럽을 만들어 쾌락과 고통의 극한을 경험하고자 했다.

불사라는 선물은 삶과 죽음을 재는 저울눈을 재조정한다.

이들에게 삶은 더 이상 진지하지 않다. 1950년대에서 미래로 떨어져 나온 주인공은 죽음을 자청하는 22세기 귀족의 사고 방식에 당황스러워 한다. 그 귀족은 권태로운 삶을 그만두고 화려한 죽음을 맞아야 한다고 주장한다.

"삶은 현실이고, 삶은 진지한 것이고…….' 당신 시대에는 사람들이 삶이 현실적이고 진지하다고 믿어야 했겠지요. 다른 무슨 대안이 있었겠소? 당신들 중 얼마나 진짜 사후 생명을 믿고 있었겠소? (…) 이제 삶과 죽음에 대한 시각은 바뀌었소. 롱펠로우의 지루한 충고 대신 우리는 니체의 금언을 따르오---알맞은 때 죽어라! 지적인 사람들은 익사 직전 판자에 달라붙는 사람들처럼 삶의 마지막 조각을 움켜쥐지는 않는다오."

그러나 충격과 공포의 소식이 있다. 사후 세계는 모든 사람에게 주어지는 게 아니다. 타고난 소수의 사람만, 혹은 증폭 기라는 비싼 장비의 도움을 받을 사회경제적 특권을 지닌 사람만이 내세를 누릴 수 있다. 죽을 때는 그 충격으로 영혼이 산산이 흩어지는데, 그 와중에도 자신을 유지할 수 있는 일부 사람만이 사후에 살아남는다. 타고난 체질이거나, 요가 등 정신 수양을 20년 이상 수련하면 죽어도 정신이 흩어지지 않는다. 자기가 타고난 행운아인지, 혹은 수양을 충분히 쌓았는지는 확신할 수가 없다. 죽어봐야 아는 일이고, 실패하면 그대로 죽어버리니 말이다. 확실한 방법은 증폭기를 사용하는 것이다. 즉, 돈이다.

결국 계급이 더 철저하게 나뉘는 결과가 나타난다. 죽음 이후에도 삶을 누리도록 보장받는 이는 이미 현세에서 특권을 누리고 있는 부자들, 귀족들이다. 그들은 주도권을 그대로 유지하고 싶어 한다. 서로 더 나은 내세로, 더 특권적인 위치를 차지하고자 한다. '사냥꾼'은 귀족들이 보다 멋진 죽음을 맞는 걸 돕기 위해 만들어진 신종 직업이다. 사냥감이 된 귀족은 뒤쫓아 오는 사냥꾼들과 원시적으로 싸우다 영웅적인 최후를 맞이한다. 당연히 내세 보험은 들어둔 다음이다. 사냥 과정에 죽는 사냥꾼들에게는 그런 거 없다. 혈은 "그들이 알고도 한 선택이니 감수해야" 한다고 하지만, 가난한 사람들은 애초부터 판에 끼는 게 불가능하다. 간혹 타고난 자질로 내세에 들어간다 해도 그것이야말로 우연히 복권이 터지는 확률과 같다. 20세기의 순진한 낙관론은 실현되지 않는다.

죽음이 만들어내는 계급제도에서 가난한 사람보다 더 불우한 층이 있다. 살아 있는 상태도 못 되는 좀비들은 최하층에 위치한다. 좀비는 사람들이 육체를 바꿀 때 영혼이 재빨리 몸으로 들어가지 못하면 발생한다. 오래 비어 있던 몸은 다시는 영혼을 제대로 받아들이지 못한다. 불사의 부작용이고, 사고로 인한 일종의 장애다. 천벌이 아니라 재수가 없었을 뿐이다. 그런데도 좀비는 수상쩍고 위험한 것으로 치부된다. 지금 장애인이나 정신질환자를 경계하는 것과 같은 맥락이지만, 좀비에 대한 핍박은 그보다 심하다. 사람들은 좀비를 색출해 때려 죽이거나 불태워 죽이려 한다. 좀비들의 지도자는 "미래에는 사람들이 분명 더 계몽"되리라고 말한다. 주인공은 속으로 반문한다. 미래라고? 지금이 그 "미래"인데?

불사가 딱히 더 나은 사회를 만드는 것은 아니다. 이 소설의 미래상이 시사하는 바는, 실망스럽게도 혹은 당연하게도, 기술이 발전한다고 딱히 살림살이가 나아지진 않는다는 점이다. 기술은 쓰기 나름이다. 세탁기와 청소기가 가사 노동의 부담을 줄인 것은 사실이지만, 세탁기만으로는 여성/노동 해방이 이루어지지 않는 것처럼 말이다. 결국 사람의 문제는 사람의 변화에 달렸다. 평범한 말이지만 정말 그렇다.

인생도 살기 나름이다. 귀족 혈의 고귀한 죽음이란 개인의 만족만을 위한 것이었지만, 그가 말하는 고귀함에는 일리가 있다. 그는 부, 계급, 불사 같은 특권에는 의무가 따른다고 말한다.

"이 의무 중 하나는 적당할 때 죽을 필요성이오.
동료들에게 지루한 사람이 되지 않고 그 자신이 끔찍해지기
전에 말이오. 그러나 죽는다는 행위는 계급과 가정교육을
넘어서지. 그것은 모든 사람의 진기한 특권이고, 왕으로부터
부름 받는 것이고, 기사다운 모험이고, 인생 최대의
행위요. 그리고 이 외롭고 위험한 모험을 그가 어떻게
이행하느냐야말로 인간으로서 그를 측정하는 진정한
척도요."

불사가 가능하다는 점이 그 자체로 사람을 특별한 존재로
만들지는 않는다. 죽음이라는 통과의례를 어떻게 이행하느냐
가 중요하다. 불사는 보다 쉽게 고귀한 선택을 하도록 도와주
는 받침대다. 22세기는 그다지 이상적인 미래는 아니었지만,
그럼에도 이들에겐 죽음이 끝이 아니기 때문에 이들은 보다
적극적인 마음으로 죽음을 선택할 수 있다.

"알맞을 때 죽어라!" 그 고귀한 태도가 굳이 흥분으로 가
득 찬 영웅적인 최후에만 드러나는 건 아니다. 장렬함, 유별
남, 흥미로움은 필요 없다. 설령 시시하고 평범한 형태의 죽음

이라도, 가실 때를 아는 낙화처럼 알맞은 것이라면 고귀한 죽음과 위대한 삶을 완성하기엔 충분하다. 그런 죽음에는 성숙, 존경, 애정이 함께할 것이기 때문이다. 죽음 이후에도 살아생전 맺었던 인연이 이어진다는 점은 보너스다.

1950년대 미국의 풍요로움을 통한 사회경제적 획일화는 그동안 수면 아래 들끓던 문제인 인종 갈등이 전면에 대두되는 계기가 되었다. 할리우드가 "누구나 행복해질 수 있다"고 말하던 때, 마틴 루서 킹은 "누구나 위대해질 수 있다"고 연설했다. 전자가 자본에 기반한 희망찬 아메리칸 드림이라면, 후자는 불합리와 불평등을 극복하고자 하는 외침이었다. 〈불사판매 주식회사〉는 죽음을 통해 어떻게 살아야 하는지를 고민한다. 죽음이야말로 누구에게나 평등하게 주어진 의무이고, 어떻게 죽는지에 따라 누구나 위대해질 수 있다.

결국 이 소설은 기술 변화가 만들어내는 미래 사회상을 그렸다는 점에서는 딱 SF다. 기본적으로는 모험 활극이지만, 그 본질은 하인라인류의 신나는 모험담이라기보다는 당시 사회에 대한 성찰에 가깝다. 당시의 미래가 지금이 된 21세기 현재에서 보면 조금 옛날 티가 나는 것은 사실이다. 그럼에도 이 소설은 전인미답의 세계를 엿보여준다. 아직 우리에게 죽음은 한 번뿐이니까.

시간여행으로 배우는 인생의 정수
〈SF 세계에서 안전하게 살아가는 방법〉
2010, 찰스 유

〈SF 세계에서 안전하게 살아가는 방법〉 ⓒ시공사

"…지금까지 총 39명의 나를 살펴보았는데, 이들 중 35명은 거의 완벽한 머저리다. 이 사실이 의미하는 바는 다음과

같다. 만약 여러 가지 다른 버전의 나 중 89.7%가
등신이라면, 이 우주의 나 자신도 인격자일 가능성이 별로
높지 않다는 것이다. 여기까지는 이제 그럭저럭 납득할
수 있으나, 진짜로 불편한 점은 그들 중 많은 수가 꽤 잘
살고 있다는 것이다. 나보다 훨씬 더 말이다. 물론 나보다
낫다고 해봤자 그리 대단한 것은 아니지만. 때때로 이를
닦으면서 거울을 보면, 내 모습은 뭔가 불만에 차 있는 듯
보인다. 몇 년 전이었던가, 나는 뭔가 딱히 뛰어난 기술을
가지지 못했을 뿐 아니라, 나 자신이 되는 일에도 썩
뛰어나지 못하다는 사실을 깨달았다.”

　　인생이 미로라면 분명 시간 축으로 구성된 미로일 것이다.
그 끝은 출구라는 지점이 아니라 죽음이라는 시점이기 때문
이다. 〈SF 세계에서 안전하게 살아가는 방법〉은 인생을 시간
축 사이에서 헤매는 것과 자연스럽게 연관시킨다. 예를 들어
우리는 눈앞의 암울한 현실을 회피하려 과거의 행복했던 시
간 속으로 빠져들 수 있다. 특정 시간대에서 헤어나오지 못하
는 것은 길이 막혀 앞으로 나아가지 못하는 것과 같다. 작중
화자의 어머니는 무한히 루프하는 1시간의 행복 안에서 살아
간다. 앞도 뒤도 없는 1시간짜리 되돌이를 반복한다. 그녀는

10년어치 이용료를 미리 지불할 수 있었다. 그 이후에 무슨 일이 일어날지는 모른다.

주인공은 작가와 똑같은 이름의 찰스 유다. 직업은 타임머신 기술자다. 그는 젊을 때부터 시간의 흐름과 단절된 타임머신 안에서 생활하기를 선택했다. 안에서 상시 대기하며 가끔씩 고객의 호출에 응하는 게 그의 일이다. 타임머신 크기는 몸 하나 누일 자취방 수준으로, 그 안에서 우울증에 빠진 컴퓨터 운영체제와, 가상 세계에서 나온 개 한 마리와 같이 산다. 가끔 대화하는 외부인이라고는 관리자 프로그램뿐인데, 자신이 컴퓨터 프로그램인 줄 모르고 인간 같은 농담을 한다. 사실을 말해버리면 그는 상처받을 것이다.

타임머신 고객들의 문제는 언제나 같다. 그들은 과거에서 문제가 가장 심각했던 때로 돌아가고 싶어 한다. 닻처럼 그들의 인생을 붙들어 맨 과거, 이를 수정하고 나면 행복해질 거라 믿는다. 주인공은 그들에게 좋은 소식과 나쁜 소식 하나씩을 전한다. 걱정 마세요, 당신이 타임머신으로 무슨 끔찍한 사고를 쳤어도 과거는 변하지 않습니다. 단념하세요, 당신이 무슨 짓을 하더라도 과거는 변하지 않습니다. 그건 그렇게 생겨 먹었어요. "시간문법학은 과거 시제를 다루는 이론이며, 후회의 이론이다. 그리고 궁극적으로는 한계에 대한 이론이다."

시간여행은 후회와 우울과 도피의 매개다.

사실, 항상 타임머신에 올라탄 주인공이야말로 가장 비겁한 도망자다. 타임머신에 있으면 선형적인 시간의 속박에서 벗어날 수 있었다. 있다. 있을 것이다. (시간문법학에 따른 표현이다.) 세계에서 떨어져 나와 목록에 없는 덤처럼 부산물로 존재할 수 있다. 타임머신이란 패배주의를 다루기에 적절한 배경이다. 그러나 주인공은 색다른 방법으로 삶의 미로에 휘말린다. 여기 평행 세계의 법칙에 따르면 자기 자신을 만나면 죽는다. 타임머신 관리가 잘못되었고, 그는 자신을 목격했고, 그를 쏘았고, 그러므로 그는 죽을 것이다. 죽기 직전에 다시 타임머신에 간신히 올라탔을 뿐이다. 그의 여행은 자신의 죽음과 마주치면서 시작된다.

어릴 적의 찰스 유는 아버지와 함께 타임머신을 만들었다. 아버지는 시간여행에 성공했으나 입증하지 못했다. 아버지는 자괴감에, 어머니는 우울증에 빠졌다. 아버지는 조금씩 다른 시간 축을 살기 시작했다. 아버지는 점점 과거로 흘러가곤 하다가 결국 어느 날 타임머신을 만들고 사라져버렸다. 어른이 된 찰스 유는 타임머신을 타고서야 과거와 만난다. 그리고 아버지를 이해한다. 어린 자신을 이해한다. 그리고 타임머신의 원리를 이해한다. 아버지가 왜 떠나갔는지, 자신이 얼마나 행복했었는지, 삶과 시간여행이 얼마나 유사한지 말이다.

시간의 흐름으로 돌아가는 것은 두려운 일이다. 시간 속에서 살아가는 것은 "앞으로 나아가는 일, 절벽에서 아래의 암흑 속으로 떨어져 내리는 일, 놀랍고 혼란스러운 상태로 갑자기 착륙하는 일, 그리고 이어지는 매 순간순간 그런 똑같은 일을 계속 반복하는 일, 매 순간순간 추락한 다음 다시 기어올라와 똑같은 상황을 반복해서 겪는 일"이다. 우리는 바로 그렇게 살아간다. 언제나 처음이기 때문에 항상 실수투성이다. 우리가 과거를 통해 배울 수 없다면, 그렇게 되어 있는 타임머신이 아니라면 버티기 힘들 것이다. 책은 조언한다. 아무것도 정해져 있지 않은 현재를, 당신이 원하는 것을 적든 많든 원하는 만큼 수용할 수 있는 현재를 만끽할 것. 현재를 늘이고, 그 안에서 살아갈 것.

생의 결과는 반드시 죽음이지만, 그렇다고 삶의 의미가 사라질까? 죽음은 삶의 끝이지만, 그것이 사람의 완전한 끝일까? 향이 타오르는 모습을 보자. 향은 천천히 불타며 사그라지고, 향에 담긴 염원은 불과 연기가 되어 공기 중으로 흩어지고, 그 몸은 다음 향을 지지해주는 더미가 되어 남는다. 우리는 모두 삶이라는 미로를 헤매는 시간여행자들이며, 우리의 몸은 출생과 죽음 사이에서 떠돌아다니는 타임머신이다.

찰스 유가 다른 세계에서 만난, 나의 다른 미래였을지도 모르는 사람은 이렇게 조언한다. 삶을 즐기고, 심장을 길러봐. 두 개 정도. 그러면 자기 자신에게 총을 맞아도 끝이 아니다. 그러니까 괜찮다. 삶을 즐기는 것도, 자신을 믿어보는 것도.

꽃비 하나에 소설과,
꽃비 하나에 사랑과
〈무안만용 가르바니온〉

2014, 홍지운

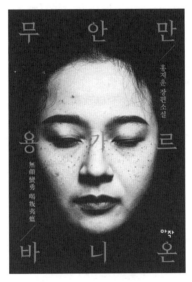

〈무안만용 가르바니온〉 ⓒ아작

〈무안만용 가르바니온〉(이하 〈가르바니온〉)은 농담과 패러디
와 기만으로 가득 찬 작품이다. 이 소설은 내용으로나 형식으

로나 허구의 한계를 십분 자각하고 있으며, 재미있는 이야기를 만들기 위해 이를 적극적으로 이용한다. 그런데도 허무함이나 냉소가 느껴지지 않는 이유는 작품 전체에 인류애가 충만하기 때문이다. 바로 김꽃비에 대한 사랑에서 나오는 인류애다. 〈가르바니온〉이 설파하는 주장에 따르면 지구는 김꽃비가 있어서 살 만한 곳이고, 우리는 김꽃비의 아름다움으로 구원받을 수 있다. 그와 동시에 소설로서의 〈가르바니온〉은 김꽃비가 실제로 아름다운지는 중요하지 않으며, 정말로 중요한 것은 그 아름다움을 느끼는 마음이라고 강조한다. 〈가르바니온〉은 바로 그 점에서 읽을 가치가 있다.

1. 농담과 군상극의 균형

〈가르바니온〉에서는 사악한 외계인이 지구를 침략하고, 정의의 거대 로봇이 그에 맞서 싸운다. 그리고 그게 다 거짓말이다. 침략은 위장이다. 로봇은 가짜다. 신비의 액체 금속은 컨셉에 불과하다. 정의의 조종사는 사람이 아니고, 사악한 외계인 침략자는 누구보다 한심한 진상 관광객이다. 등장하는 이름도 얼마나 막 지었는지 관광사 이름은 우주관광 김관광이다. 〈가르바니온〉은 이 이야기가 얼렁뚱땅 만들어낸 사기극이라는 점을 처음부터 폭로하고 시작한다. 소설 전반을 관통하는 정서를 한마디로 표현하면, '어이없음'에 가깝다.

줄줄이 등장하는 어이없는 설정들은 수많은 패러디와 함께 작품의 무게를 한없이 가볍게 만든다. 일단 챕터 제목만 해도 죄다 패러디다. 예를 들면 1화와 2화 제목은 만화 〈그 남자! 그 여자!(원제: 그 남자 그 여자의 사정彼氏彼女の事情)〉에서 따온 것이다. 6화인 '안드로이드는 전기통닭구이의 꿈을 꾸는가'의 원전은 당연히 〈안드로이드는 전기양의 꿈을 꾸는가〉다. 내용도 애니메이션의 문법, 다큐멘터리의 문법, 중2병의 문법, 장르소설의 문법을 비틀어 구성했다. 가르바니온의 조종사 1, 2, 3호의 성격은 전대물의 전형적인 캐릭터에서 따온 것이다. 〈파워레인저〉든 〈후레쉬맨〉이든 정의로운 전대가 지구를 지키는 그거 말이다. 알고 보면 혼자 낄낄거릴 수 있는 요소이고, 잘 모르는 사람이라도 피식 웃을 수 있는 수준의 친절한 활용이다. 어찌나 친절한지 저자(와 담당자)는 관련 코멘터리까지 따로 제작했다.

패러디와 안티테제가 가득한 작품답게 〈가르바니온〉은 전통적인 장편 서사에 대해서도 전복을 시도한다. 〈가르바니온〉은 옴니버스식 구성을 취하며, 애당초 완벽하게 통일된 이야기를 만드는 데에는 관심이 없는 것으로 보인다. 특히 후반으로 갈수록 서사의 비약이 심해지는데, 이는 원래 24화 구성이었던 계획이 현실적인 이유로 무산된 이유도 있을 것이다. 각 화는 느슨하게 연결될 뿐 장편의 서사를 이루지 못한다. 이는 서사가 없는 종류의 웹툰에서 많이 취하는 방식이다. 매 화 전개를 예상할 수 없고 이야기가 무한히 확장 가능하다는 점은 장점이지만, 대신 다음 이야기로 이끄는 힘이 부족하다는 것은 단점으로 작용한다. 이 소설이 '가볍게' 느껴지는 이유다.

한편, 이런 가벼운 서술 방식은 작품 전체에 걸쳐 비현실성을 조장한다. 〈가르바니온〉의 사회는 외계인의 침략(관광)으로 인해 '꿈같은' 일들이 벌어지는 중이다. 그 대가인 기술 지원은 사회를 뿌리부터 뒤흔드는 변혁을 필연적으로 수반한다. 외계 기술이 약속된 시점부터 이미 지구의 경제구조는 파탄 난 것이나 다름없다. 사람들의 삶도 이전으로 돌아갈 수 없으며, 작품의 결말에서 지구는 관광객으로 먹고사는 원주민 촌락처럼 거대한 관광지가 되어버린다. 그러나 사회의 구조적 변화는 작중에서는 단편적으로만 제시될 뿐이다. 구체적이고 현실적인 변화상은 나타나지 않는다. 〈가르바니온〉의 목적은 사회 변화를 다루는 데 있지 않다. 서사의 빈자리를 채워주는 것은 다양한 개인들의 삶이고, 그에 담긴 작은 이야기들이다.

이 한없이 얄팍한 소설 속 세상에서 무게중심을 잡아주는 건 등장인물들의 '찌질함'이다. 독자는 인물의 약점을 통해 캐릭터를 이해하고 공감한다. 1화는 '남자'의 찌질함을 통해 비현실성과 현실성의 균형을 맞춘다. 우리는 지구 침략이나 우주 관광은 잘 모르지만, 소개팅에서 남자가 찌질하게 구는 모습은 익히 잘 알고 있다. 소개팅마저 연극이었다는 거대한 음모 앞에서도 "저… 애프터는?"이라고 기어코 물어보고야 마는 종류의 찌질함 말이다. 김여자/요니아 파탈도 그렇다. 비인체공학적인 바스트를 자랑하며 채찍을 휘두르는 이 악의 여간부는 살아 있는 인간으로 느껴지지는 않는다. 김여자는 잔소리에 치이고 성희롱에 시달린다는 점에서 비로소 인간적이다.

> "폐하. 저는요. 있잖아요. 여간부 짱 잘하고 싶었거든요. 멋진 여자라고 해야 되나. 그런 거 있잖아요. 롤모델 같은 거. 지구에서 여자로 사는 거 되게 좆같으니까 외계인 중에 여자가 겁나 잘 살 수 있다고 막 그런 거 사람들에게 보여주면 좋겠다고 생각했거든요. (…) 근데 제가 여간부를 해도요. 엄마는 맨날 시집가라고 하고요. 엄마한테는 내가 사아카니스 제국 여간부라는 거 말 안 했지만요.

계속 일 빨리 그만두고 남자나 찾으라고 하고요. 되게
그렇거든요. 그래서 직장에서라도 일 잘할라고 했는데요.
일 되게 재밌고요. 다들 친절하고요. 완전 좋거든요. 근데
못된 새끼들이 맨날 제 복장 갖고 놀려요. 야한 사진
찍고요. 기분 되게 더러워요. 막 패주고 싶어요. 저 여간부
댑따 좋아하는데. 여자라서 까이고 간부 취급도 못 받고
그래요."

– 〈가르바니온〉 60~61쪽

이 대목은 김여자가 갈등을 털어놓는 장면으로, 김여자/
요니아 파탈의 캐릭터가 확립되는 부분이다. 소설의 등장인
물은 모두 허구지만, 그들의 삶에는 실제의 편린을 담은 이야
기가 있다. 그들이 간직한 각각의 작은 서사들이 〈가르바니
온〉 전체의 축이 되고, 자칫 산만해질 수 있는 옴니버스 구성
에 무게중심을 부여한다. 이 소설이 그냥 농담이나 패러디 모
음에 그치지 않고 하나의 독립된 소설이 되는 이유다.

2. 소설적 기만을 통한 무장해제

'기만'은 남을 속여 넘기는 것을, '기만극'은 사람을 속이
기 위해 꾸며낸 연극을 말한다. 〈가르바니온〉이 벌이는 기만

극의 주체는 이지라니우스 대제다. 그는 작중에서 가장 할 일 없고 한심한 인물인 데다, 자기 재미있자고 다른 사람들까지 고난에 빠뜨리는 민폐의 중심이다. 그가 만들어내는 기만에 악의는 없다. 그는 그냥 무겁고 진지해야 할 무언가를 가볍고 단순하게 바꿔버릴 뿐이며, 아등바등 살던 사람들의 어이를 빼놓고 맥을 풀리게 할 따름이다. 그가 지구 침략을 결심한 것은 TV를 보다가 용자 로봇 애니메이션을 보았기 때문이다. 하필 침략지가 한국인 이유는, 김꽃비가 예쁘기 때문에. 공은 공대로 돈은 돈대로 들이면서 기만극을 짜는 이유는, 재미있으려고. 인류는 드디어 우주인과 조우했는데, 드디어 우주로 진출할 발판이 생겼는데, 그 우주인이 한다는 소리 한번 참 소탈하다. 정신을 잠시 우주로 날려 보내는 이런 비현실성이야말로 〈가르바니온〉의 재미다. 소설이 으레 그러듯, 현실을 기만하는 즐거움을 선사하는 것이다.

김꽃비는 이 소설의 목적이자 정체성이고, 그녀는 〈가르바니온〉이 벌이는 기만의 중심에 있다. 5화에서 직접 등장하는 김꽃비는 그냥 배우일 뿐이지만, 그녀를 이상화하려는 욕망은 〈가르바니온〉의 처음부터 끝까지 뿌리 깊게 박혀 있다. 김꽃비라는 인물은 "인류가 겪은 고통에 대한 등가 이상의 보상물"로, "이데아의 이데아"로 관념화된다. 진짜 김꽃비는 중요하지 않다. 그보다는 사람들이 그녀를 통해 이상을 꿈꾸고 지켜운 현실과 유리될 수 있다는 사실이 중요하다. 관념화된 '김꽃비'의 이름에는 그 안에 실제 김꽃비는 없다는 기만, 현실이 아니라 이상화된 환상이라는 기만이 존재한다. 따라서 〈가르바니온〉이 김꽃비를 호명할수록 기만의 효과는 두드러진다. 어이가 없고, 고민하던 게 바보 같고, 그냥 웃음이 난다.

김꽃비가 이상화되는 만큼 이지라니우스는 끝을 모르게 한심해진다. 다른 등장인물들과 달리 이지라니우스는 공감을 끌어내는 인물이 아니다. 오히려 철저하게 타자화됨으로써 비현실성을 끌어오는 인물이다. 그의 한심함은 모든 지구인을 압도한다. 작중 가장 답 없는 인생은 9화의 화자인 옥희독희인데, 그는 나이 든 백수고, 낮은 자존감을 보상받고자 악플로 싸움을 벌이고, 여자 친구는커녕 친구도 없는 사람이다. 그러나 그의 소시민적인 찌질함은 이지라니우스 앞에서는 상대도 되지 않는다. 이지라니우스는 하늘처럼 넓고 바다처럼 깊은 한심함으로 모든 찌질함을 평등하게 위로하는 존재다. 그를 보고 있으면 "우주는 넓고 쓰레기는 많"아서 '나 정도면 괜찮다'는 위안을 얻을 수 있고, 그가 펼쳐놓는 허구는 "너무나도 뻔뻔한 나머지 이게 정말로 있었던 일이 아닌가 의구심이 들 정도"라 현실 따윈 별거 아닌 듯한 기분이 든다. 진짜가 뭐고 가짜가 뭔지는 중요하지 않다. 옥희독희는 "기쁘고 희망찬 무엇은 아니더라도 어딘지 마음이 가벼워진다"고 느낀다. 옥희독희가 돌아가야 할 현실은 전혀 변하지 않지만, 비현실을 접함으로써 현실을 받아들이는 태도가 변화하는 것이다.

기만은 10화의 '사악랜드'에서 정점을 찍는다. 국정원 요원이 나오면서 기만의 대상이 국가적 차원으로 확장되기 때문이다. 국가정보원은 국가안전기획부(안기부)의 현재 모습으로, 국내외 보안 정보를 수집, 작성, 배포하고 국가의 기밀이나 안보에 관련된 범죄 수사 등에 관한 업무를 맡아 본다. 다양한 언론 매체와 소설 등에서 국가가 국민들에게 행하는 기만의 중심으로 다뤄진 곳이다. 사악랜드의 비현실적인 기만은 국가가 행하는 기만과 노골적으로 대비된다. 국가엔 꿈도 희망도 없지만 사악랜드에는 "이데아의 이데아" 김꽃비가 물화되어 16미터짜리 동상으로 우뚝 서 있다. 국민에게 고된 노동을 강요하는 건 마찬가지지만 사악랜드는 그 모두가 무의미하다는 걸 숨기지 않고 드러낸다. 그것도 국정원의 비밀주의와는 달리 친절하고 안전하고 웃기는 방법이다. 거짓말이라고 대놓고 하는 거짓말은 무해하기 때문이다. 게다가 시급도 잘 챙겨준다. 그래서 국정원 요원들은 현실을 잠시 접어두고 김꽃비 찬양에 몰입한다. 진짜가 아니라 기만이라는 것을 잘 알기 때문에 오히려 더 안심하고 즐길 수 있다. "괜찮다. 거짓말도 나쁘지 않다. 거짓말로라도 받고 싶고 또 주고 싶은 이 마음은 진짜니까."

사악랜드를 즐기는 방법은 비판의 칼날을 내려놓고 자발적으로 무장해제당하는 것이다. 허구를 허구라고, 환상을 환상이라고 파악하고 나면 그다음부터는 현실과 환상을 구분하기 위해 애쓸 필요가 없다. 이는 독자가 소설을 읽는 태도와 매우 비슷하다. 소설의 독자는 사실 여부를 꼬치꼬치 따지지 않는다. 소설이니까, 실제가 아니라는 걸 잘 아니까, 현실에서 벗어나 한숨 돌릴 수 있게 해주니까, 바로 즐기기 위한 것이니까 말이다.

3. 현실과 허구의 중간 지점

소설을 읽는 행위는 작가가 창조한 허구의 세계에 자발적으로 빠져드는 과정이다. 이야기를 즐기기 위해서는 불신을 밀어놓고 작가가 늘어놓는 거짓말을 순순히 믿을 필요가 있다. 새뮤얼 콜리지는 이를 "불신의 자발적 중지willing suspension of disbelief"라고 칭했다. 소설을 읽으면서 현실을 잊고 몰입하는 그 순간, 사람들은 현실이 아니라 활자에서 세상을 발견한다. 소설의 허구가 확장되어 현실을 끌어안는 때가 온다. 이는 소설이 우리가 이미 아는 현실에 기생하기 때문에 가능한 일이다.

소설은 현실 세계의 단편을 반영하는 폐쇄된 작은 세계이고, 기획부터 더 의도적이고 뚜렷하게 구성된다. 작가는 이야기를 목적에 맞게 구성하고 배치해서 작품의 의미를 조성한다. 독자는 그 의미를 읽어낸다. 전형적인 작가와 독자의 관계는 소설이라는 매개를 통해서만 이루어진다. 둘 사이에는 암묵적으로 무형의 경계선이 존재한다.

〈가르바니온〉에서는 저자가 텍스트 전면으로 나서서 경계를 무너뜨린다. 이 방정맞은 캐릭터는 독자가 소설 속 허구에 몰입하도록 그냥 놔두질 않는다. 등장인물의 대사나 소설의 서술 사이사이에 천연덕스럽게 자기의 말을 끼워 넣는다. 원래 소설은 모두 작가의 분신이라지만, 저자는 소설이라는 유서 깊은 가면을 가만히 쓰고 있을 생각이 없다. 따라서 〈가르바니온〉에서의 작가-독자 면담은 한층 더 직접적이다. 독자는 또 한 사람, 보이지 않는 등장인물인 저자를 발견하게 된다.

이러한 메타픽션적 취향은 8화 '본격 이 소설이 왜 망했나 탐구하는 에피소드'에서 가장 두드러진다. 8화는 애니메이션 중간에 들어가는 총집편 같은 부분이다. 애니메이션의 총집편이라면 보통 그때까지의 줄거리 요약과 코멘트로 채워진다. 저자는 총집편의 형식을 빌려 이야기의 전면에 등장한다. 작중에 언급되는 것처럼 〈가르바니온〉은 네이버 웹소설에 연재되던 소설인데(책에 실린 건 출간에 맞게 내용을 수정한 모습이다), 연재본에서나 출간본에서나 저자는 당연하다는 듯 소설을 소설이라고 말하길 주저하지 않는다. 근대소설이 확립된 이후 작가와 독자가 공유하던 오래된 규칙을 무시함으로써, 전통적인 불신의 중지는 불가능해진다. 소설이 어차피 허구라는 사실을 잊을 수가 없기 때문이다.

그럼에도 〈가르바니온〉이 소설로서의 흡입력을 잃지 않는 것은 저자의 이야기가 등장인물들과 같은 맥락을 공유하기 때문이다. 〈가르바니온〉에서는 저자의 간섭조차도 소설의 일부이자 특징적인 서술 방식으로 기능한다. 판소리나 구연동화에서처럼 서술자가 자기 말을 끼워 넣어 이야기를 더 즐기기 쉽게 만드는 것이다. 소설과 관련해 저자가 중간중간 풀어놓는 이야기는, 등장인물을 향한 애정 어린 시선, 김꽃비에 대한 찬미의 마음 등과 함께 현실의 독자에게 한 꺼풀 더 가깝게 다가간다. 소설 속 이야기는 가짜긴 하지만 그렇다고 의미가 없는 건 아니라고, 이들을 통해 울고 웃게 되는 마음은 진짜라고, 그렇게 말하는 것이다.

소설이 허구에 불과하다고 강조하기 위한 브레히트의 소격효과疏隔效果와는 대조적으로, 이런 식의 서술 기제는 소설과 현실 세계의 연결 고리를 강화하는 효과가 있다. 이는 〈가르바니온〉을 그 자체로 완결되는 폐쇄된 세계가 아닌 한층 더 열린 세계로 만든다. 저자는 소설이 현실을 지배하는 순간을 포기하는 대신, 현실에서 소설의 위치를 확고하게 자리매김한다. 그래서 〈가르바니온〉이라는 소설 자체에 더 애착을 갖게 한다. 다시 말해, 소설은 소설일 뿐이라는 걸 뻔히 알면서도 다 읽고 나면 나도 김꽃비를 한번 검색해보게 되는 거, 그런 거다. 그거 이상한 거 아니다.

4. 사랑이 우리를 구원한다

〈가르바니온〉의 또 다른 핵심 기제는 사랑이다. 그 사랑이 꼭 연애인 건 아니다. 이지라니우스의 모습은 연애 한번 못해본 사춘기 남자아이와 유사하다. 좋아하는 사람이 한없이 완벽해 보여서 그 앞에만 서면 차마 말 한마디를 못 꺼내고, 자기를 말도 안 되게 대단한 사람으로 설정해서 역할 놀이를 즐기고, 체면 안 챙기고 남 신경 안 쓰고 자기 멋대로 군다. 덧붙여 변신 로봇 장난감을 갖고 논다. 사랑의 영역에서 이지라니우스와 같은 환상은 청소년기 이전의 미성숙하고 일방통행적인 관계에 불과하다.

여기서 독자가 염두에 두어야 할 점은, 누구나 어린 시기가 있고 누구나 한심한 상태에 설 때가 있다는 점이다. 이지라니우스는 가장 어리고 한심한 인물이고, 바로 그 점을 통해 다른 모든 이의 찌질함을 대속한다. 등장인물들은 이지라니우스 대제를 보면서 자기 자신으로 되돌아간다. 그리고 거부하고 싶었던 자기를 받아들일 용기를 얻는다. 나 정도면 괜찮구나, 나도 좀 편하게 살아도 되겠구나, 아무렴 어때. 이지라니우스는 그의 한심함을 통해서 소설이 하는 것과 같은 갈등의 해소를 담당한다. 그래서 독자 입장에서도 이 소설 앞에서 무장을 해제하기가 편해지고, 작중 등장인물들의 성장에 동참하기도 쉬워진다.

열린 마음으로 보면 이 소설은 성장소설의 모습도 갖추고 있다. 옴니버스 구성이라 뚜렷하게 드러나지 않을 뿐이다. 이지라니우스는 한심하지만 못되진 않은 존재답게, 3화에서는 김여자/요니아 파탈의 갈등을 알아차리고 신경 쓰는 모습을 보인다. 이때는 아직 타인을 이해하지 못하는 수준이다. 그는 11화에 이르러서야 '진상'들을 보고 처음으로 타인의 괴로움을 공유한다. 철저하게 타자였던 그가 처음으로 동지 의식이라 할 만한 감정을 키우는 것이다. 외전1에서는 드디어 이상화에서 벗어나 실제 사람을 만나려는 생각을 한다. 여전히 말은 지지리도 안 듣는 개자식(귀여운 의미로)이지만, 사춘기의 자기중심적인 사고방식에서 빠져나와 사람들 사이로 들어갈 만큼 성장한다. 바로 그걸 알아차렸기에 외전2의 어머니는 "이런 사람들과 함께라면 안심"이라며 따뜻한 시선을 보내는 것이다. 이지라니우스가 환상은 환상대로 두고, 사람은 사람대로 받아들일 수 있게 되었기 때문이다.

환상은 환상임을 인정하고 거리를 둘 때 건강한 상태로 유지되며, 우리는 이를 통해 "어딘지 마음이 가벼워"지는 효과를 누린다. 저자는 예전에 이런 말을 한 적이 있다. "김꽃비는 공적 구원이고 연애는 사적 구원이므로 둘은 충돌하지 않는다"고. 애정은 그 자체로 유효하다. 사랑에 대한 저자의 확신이야말로 부조리에서 유쾌함을 이끌어낼 수 있는 힘이다. 김꽃비에 대한 사랑 때문에 인류애가 나오고, 그래서 튀어나온 소설이 〈가르바니온〉이다. 침략 전쟁에 사망자가 하나도 없는 이유는 혹여나 김꽃비의 얼굴에 그늘이 질까 우려되기 때문이고, 지구가 살기 좋은 이유는 김꽃비가 있기 때문이다. 〈어린 왕자〉에서 말하길 사막이 아름다운 것은 어딘가에 우물이 있기 때문이고, 밤하늘은 별이 있어서 사랑스러운 거라고 했다. 〈가르바니온〉은 인류의 고통에 대해, 그러니까 내 삶이 피곤하고 피폐한 것에 대한 해답으로 김꽃비를 제시한다. 김꽃비가 실제로 얼마나 아름다운지는 확인할 수 없다. 하지만 아름다움을 느끼는 마음은 진짜니까, 그러니까 곧 김꽃비는 정말로 아름다운 거다.

따라서 다시 한번, 실제 김꽃비가 인류의 구원자인지 아닌지는 상관이 없다. 김꽃비가 "이데아의 이데아"가 아니더라도, 우리가 김꽃비와 직접적이고 의미 있는 관계를 맺지 못하더라도 괜찮다. 환상은 환상으로 즐기면 된다. 어쨌든 김꽃비를 사랑하면 행복해진다. 불신과 비판 그런 건 다 내려놓고 같이 김꽃비를 찬양하면 된다. 그리고 꽃비 님은 실제로 아름다우시다. 이런 소설도 재미있다고 하시고 표지 모델도 하실 정도로 마음도 넓으시다.

결론적으로, 〈가르바니온〉은 소설이라는 즐길 거리의 기본 명제에 충실하다. 여기 재미있는 소설이 있다. 세상에서 가장 할 일 없는 사람이 당신의 정신줄을 끊어놓는 소설이다. '안 그래도 살기 힘든데 허구에서까지 힘들어야 하냐'는 말, 안 해도 된다. 세상에 저런 사람도 있구나 하는 생각으로 보시면 되겠다. 그리고 잘 즐겼다 싶으면 주변의 힘들어하는 사람들에게도 슬쩍 한 권 건네면 좋겠다.

틀려도 괜찮은 이유
〈고고심령학자〉
2017, 배명훈

〈고고심령학자〉 ⓒ북하우스

〈고고심령학자〉에는 우주선, 로봇, 외계인, 타임머신이나
미래 사회가 나오지 않지만 한 무더기의 연구자들과 연구 주

제, 연구 방법이 등장한다. 이 책을 두고 굳이 SF, 즉 과학소설이라고 고집할 필요는 없겠으나 과학소설이라는 관점으로 〈고고심령학자〉를 읽는 것은 즐거운 일이었다. 이 즐거움을 이야기하려면 우선 과학의 범위를 정리할 필요가 있다.

우리는 세계를 이해하기 위해 원리를 탐구하고 그 결과를 체계로 정립하는 과정을 과학이라고 부른다. 자연법칙을 연구하면 자연과학, 사회법칙을 연구하면 사회과학이다. 정의하기는 간단하지만 이 정도만으로는 어디까지가 과학인지를 명확히 구분하기는 어렵다. 꽤 굳건해 보이는 현재의 과학도 기술의 발전과 사회의 인식 변화에 따라 거듭 축소되고 확장되는 풍랑을 겪었다. 예를 들면 초기 천문학은 점성술과 분리되지 않았다. 미생물 연구는 현미경이 발명된 이후에야 과학적으로 가능해졌다. 심리학은 개인의 내면을 객관적인 연구 대상으로 보는 근대의 사고방식 이후에 성립됐다. 결국 과학과 비과학을 가르는 기준은 연구 대상 자체이기보다는 과학적 연구법을 사용하는지의 여부다.

배명훈의 〈고고심령학자〉는 과학의 관점이 소설의 뼈대를 이룬다는 점에서 흥미롭다. 주인공 고고심령학자들은 해명되지 않은 현상을 두고 가설을 만들고 조사 방법을 떠올린다. 소설은 질문에서 시작해 다른 연구로, 그리고 다음 연구로 나아간다. 이것이 과학소설의 기본 태도는 아니다. 그러나 어떤 과학이 성립되고 발전하는 과정을 소설로 옮긴다면 바로 이런 모습이 될 것이다. 〈고고심령학자〉는 근대의 여타 학문이 현재의 독립적인 지위에 오르기까지 거쳐온 길 위에 고고심령학을 살포시 올려놓는다. '고고-심령-학' 같은 비과학적인 이름을 달고 있기에 더더욱, 이 소설은 과학이 무엇이며 연구자는 어때야 하는지를 새롭게 맛보여준다.

과학과 유령과 고고심령학자

과학적 연구법은 흔히 현상에 의문을 품고 가설을 설정하고 자료를 찾아 검증하는 과정으로 설명된다. 〈고고심령학자〉에는 심령 현상을 과학적 연구 대상으로 삼아 과거 인류의 사회 문화를 분석하는 고고심령학자들이 등장한다. 1000년 전 사람들의 발음은 어디에도 남아 있지 않지만, 당대의 유령을 관찰하면 확인이 가능하다는 식이다. 유령을 조사한다니 참으로 의심쩍은 소리긴 하다. 학문이라 해도 기껏해야 초기 분과여서 공인 학위 과정도 없다. 그러나 여기에는 과학적 연구법으로 지식 체계를 정립하는 일련의 과정, 그리고 학문으로서의 자부심이 존재한다. 고고심령학계의 대가 문인지 박사는 이렇게 말한다. "이건 심령학이 아니잖아요. 고고학적인 궁

금증에 답하기 위해 심령학적인 수단을 활용하는 것이지, 심령학 하려고 고고학 타이틀을 빌려오는 식이어서는 안 돼요."

고고심령학자가 자기 연구에 착수하는 것, 그게 이 소설의 주요 전개 방법이다. 훈련된 전문가는 사소하고 잡다한 소재도 매력적인 내러티브로 탈바꿈시킨다. 작중 은경은 몬더그린 현상을 이용해 고무줄놀이 노래의 전파 경로를 그리는 프로젝트에 참여한다. 이 연구는 지역마다 고무줄놀이 노랫말이 달라지는 이유가, 의미를 모르는 말이 아는 말로 바뀌어 들리는 몬더그린 현상 때문이라고 전제한다. 그러니 노래가 변화하는 양상을 역추적하면 국내 여성들의 시대별, 지역별 구전 네트워크를 그릴 수 있다는 발상이다.

건축사를 전공했던 한나 파키노티가 착수하는 연구도 흥미롭다. 성벽에 매료된 파키노티 박사는 '도심 - 성벽 - 도로 - 요새'의 관련성을 발견한다. 원래 중심지에는 성벽이 있고, 성벽이 있으면 요새가 있는 것과 같다. 그러니 개발이나 이민 등으로 중심지가 두 개로 변한 도시는 요새 두 개가 전투를 벌이는 모양새를 보인다. 파키노티 박사는 인접한 두 요새가 전투를 벌이는 전 세계적인 현상, 바로 장기의 기원을 쫓는다. 성벽에서 장기로 건너뛰는 이 이야기는 무대를 스위스에서 서울, 싱가포르, 인도, 몽골, 곳곳으로 거침없이 확장한다. 특히 서울에서 소리 없는 전투를 벌였던 두 요새, 종로와 용산은 소설에 서울의 역사만큼 구체적인 무게를 부여한다.

연구 주제가 아무리 널을 뛰어도 고고학은 이를 모두 포괄할 만한 방대한 학문이다. 고고심령학은 1500년 전의 영혼이 부르는 고무줄놀이 노래나 고대의 성벽이 도시에 빙의하는 요새빙의要塞憑依 현상을 거뜬히 소화한다. 고고심령학자들의 광범위한 관심사와 원초적인 탐구심은 현대처럼 세분화되기 이전 시대의 과학, 과학의 원류를 연상시킨다. 〈고고심령학자〉의 과학은 현실보다 한층 단순하지만, 진지하며 이상적이다.

거인의 어깨가 되는 사람들

〈고고심령학자〉에는 뛰어난 연구자가 여럿 나올 뿐, 천재 학자의 단독 무대는 나오지 않는다. 연구에 임하는 주인공 고고심령학자들의 태도는 지극히 현실적이다. 다시 말해, 심드렁하다. 이들은 남들이 모르는 신비를 통해 기존 학문을 초월하는 접근을 하고 있으면서도 파우스트처럼 모든 해답을 알아야겠다는 탐욕이나 오만함이 없다.

그 이유는 아마도, 이들이 연구자 한 명은 한 사람 몫이 한계라는 점을 잘 알기 때문일 것이다. 조은수는 문 박사의 연구를 계승한 유일한 수제자지만 은경의 연구를 대신할 수는 없다. 김은경은 면담에서 남의 거짓말을 꿰뚫어보는 데는 귀신이지만 정작 귀신을 보지는 못한다. 장기의 기원인 차투랑가의 신을 찾는 일은 한나 파키노티 박사가 맡는 것이 제격이다. 서울에 빙의한 성벽의 궤적을 수치화하는 일은 견실한 연구자라면 누구나 할 수 있지만, 다른 일과 병행하기는 불가능하다. 〈고고심령학자〉에서는 성격도 적성도 제각각인 사람들이 퍼즐을 맞추듯 협업을 통해 결과물을 내놓는다. 소설 사이사이 나오는 실마리가 사람과 사람을 거쳐 기어코 딱 맞아떨어질 때 느끼는 안도감, 그리고 조용한 연대감은 매우 기분 좋은 것이었다.

생각해보면, 여느 학문이 그렇듯 한국 고고심령학 학계도 이와 같은 공동 작업이 오랫동안 축적되어 만들어졌을 것이다. 문인지 박사의 서재 정리를 의뢰한 이한철 대표, 착실히 데이터를 정리하는 이 대표의 연구팀, 고고심령학이 없던 시대에도 심령 현상을 기록으로 남긴 시마무라 유키코 등 주인공들은 각자 소임을 다하는 다른 고고심령학자들에게 직간접적으로 조력을 받는다. 과학자들의 유명한 경구대로, 지금의 연구자가 조금이라도 더 멀리 보는 이유는 거인의 어깨에 올라선 상태이기 때문이다. 주인공들 주위에 수직으로, 수평으로 연결된 다른 연구자들의 존재는 '거인의 어깨'가 어떻게 만들어지는지 돌이켜보게 한다.

주인공들이 모두 여성이라는 점에서도 〈고고심령학자〉의 연대는 각별하다. 이들은 자신이나 동료가 여성이라는 점에 호들갑 떨지 않는다. 당연한 일이라는 양, 그게 대수냐는 양, 신기할 정도로 차분히 해야 할 일을 이어나간다. 작가가 학계의 성차별이나 여성 연구자에게 쏠리는 과도한 일반화를 몰라서 인물을 이렇게 배치했을 리는 없다. 이는 오히려, 매끈하게 읽히는 문장이야말로 수많은 퇴고를 거쳐야 나오는 것처럼, 독자의 시선이 '여성'에서 '여성 개인'으로 자연스럽게 넘어가도록 하는 주의 깊은 배치다. 소설은 이들을 그녀라고 일컫는 대신 각자의 이름을 부른다.

누군가는 그 별을 지켜보고 있어야 한다

소설은 막바지에 이르러 고고심령학이 대체 무슨 쓸모가 있는지, 연구를 지속할 가치가 있는지 묻는다.

"관찰 결과가 중요해지려면 우선 재앙을 막아낼 수 있어야 했다. 그런데 고고심령학은 그런 일을 하기에 적합하지 않은 학문이었다. 문제를 찾아내고 해결하기 위한 지식이 아니라, 그저 궁금한 것을 알아내기 위해 다른 분야에서는 인정하지 않을 것 같은 심령학적 증거들을 커닝하듯 슬쩍 훔쳐보는 행위를, 학문이라는 이름으로 포장한 것에 불과했던 것이다."

고고심령학이 비실용적인 학문인 것은 사실이다. 고고심령학자에겐 재앙을 해결할 의무가 없다. 누가 억지로 붙잡아 두는 것도 아니니 현장에서 달아나면 안전할 테고, 모른 척하면 편하게 지낼 수 있을 테지만, 고고심령학자야말로 남들이 무시하는 심령 현상을 슬쩍 훔쳐보는 사람들이니 유일하게 심령 현상을 분석할 수 있다. 은수는 이미 처음부터 달아나지 않기로 결정한 사람이다. 그녀는 천문대에서 밤을 보내며 자신의 역할을 자각한다. "답해야 할 문제가 세상에 던져졌다. 좀처럼 답을 찾기 힘든 낯선 질문이었다. 하지만 '패스'를 외칠 수는 없었다. 전문가가 된다는 것은 그런 것이었다." 남들은 있는지도 모르는 책임이지만, 한번 전문가가 된 이상 남에게 떠넘길 수는 없는 무게. 아무리 작은 망원경을 쓰고 있는 사람이라도, "그가 보지 않으면 인류 전체를 통틀어 그 별을 들여다보는 사람이 단 한 사람도 없을지 모른다."

그리고 은수는 혼자만 짊어진 줄 알았던 책임을 다른 고고심령학자에게서도 고스란히 듣는다. 윤다희 연구원은 도망가는 대신 이렇게 말한다. "대피해야 되는 건 다들 마찬가지 잖아요. 모두가 대피해야 하는 재난 상황이지만, 그래도 최소한 해당 분야 전문가 몇 명은 현장을 지켜보고 있어야 되는 거니까. 그런데 공교롭게도 이 분야 전문가가 우리다 보니. 빙의가 완성될 게 확실시되는 날인데 이 사람들이 달리 어디를 가겠어요?"

전문가라 해도 지켜보는 것 이상은 불가능하지만, 그래도 누군가는 지켜봐야 한다. 전문가라도 틀리고 부족하고 완벽하지 못하지만, 틀리기를 두려워하면 다음으로 나아갈 수 없다. 은수와 은경이 보기에 문인지 박사는 틀리지 않는 사람이 아니라 틀려도 아랑곳하지 않는 사람이었다.

"사실 많이 틀리셨어. 다른 사람들은 잘 모르는 것
같지만."
"학자니까."
"최전선에만 서 있던 학자셨지. 남들 다 하는 건 자기는 더
들여다볼 필요 없다고."

과학자의 일은 틀리는 것이다. 그래야 다음 사람이 맞을

테니까. 과학자는 가설을 세우고, 무너뜨리고, 다듬고, 그렇게 증명된 성과를 과학의 탑에 한 줄씩 더한다. 다음 사람이 그것을 밟고 한 칸 높이 올라가도록. 과학이 혼자만의 믿음이 아니라 다른 이들도 검증할 수 있는 객관적인 지식 체계라는 점을 생각해보면, 혼자서는 지탱할 수 없는 이 거대한 체계는 타인이 있기에 비로소 성립한다. 그것이 학자가 틀려도 괜찮은 이유고, 그럼에도 자신의 연구를 계속해야 할 이유다. 혼자가 아닌 사람들을 지켜보는 것은 새삼 간질간질하고 사랑스러운 경험이었다.

하늘과 땅을 잇는 거대한 나무로부터 〈무랑가시아 송〉

2012, 김효현

〈무랑가시아 송〉 ⓒ기적의책

무랑가시아 송松, 신화적 원형

'무랑가시아 송'은 소설 〈무랑가시아 송〉의 목적지다. 여기

쓰인 나무의 이미지는 신화적인 원형에 가깝다. 본래 나무는 신을 부르는 장소이자 소원이 타고 올라가는 곳이다. 신화에서의 나무는 저 위쪽 신들의 세계와 아래쪽 인간을 연결하는 매개다. 나무는 땅에 뿌리를 뻗고 하늘에 가지를 뻗어 양쪽을 연결하기 때문이다. 인간은 땅 위에서 벗어날 수 없지만 나무는 움직이지 않고도 모든 곳에 닿는다. 사람들은 나무를 보며 인간은 닿을 수 없는 존재, 신을 만났다.

그래서 거대한 나무는 종종 신성한 존재로 다뤄진다. 북구신화에서는 거대한 나무 하나가 뿌리와 가지로 아홉 개의 세계를 연결한다. 주신 오딘은 나무를 따라 내려가 지혜의 샘에서 물을 마셨다. 시베리아 샤먼들은 몸에 나무를 그려 영적인 존재와 소통을 꾀했다. 몽골에서는 산꼭대기에 천목이 있어 그곳으로 신이 내려온다고 여겼고, 단군은 신단수를 타고 내려와 자리를 잡았다. 무당은 나무에 줄을 치고 그 아래에서 신을 부르는 굿을 한다. 〈무랑가시아 송〉의 인물들은 죽은 사람의 명복을 빌 때, "부디 무랑가시아 송을 타고 천국에 편히 오르는 혼이 되기를" 하고 바란다.

신화적인 맥락이 아니더라도, 오래된 거대한 나무는 충분히 비인간적이다. 경이롭다는 의미로 말이다. 나무는 느리고 무겁게 자라고 침묵으로 말한다. 시시각각 변하는 인간의 삶을 나무는 변함없는 모습으로 지켜보고 기다린다. 고향 마을의 입구를 지키는 터줏대감 나무, 연인의 사랑의 증표가 된 나무 등등이 흔히 사용되는 나무의 모습이다. 사람들은 오래된 나무를 보며 인간을 초월한 시간의 흐름을 느낀다.

작중에 묘사되는 무량가시아 송은 어마어마하게 거대하다. 어떤 산맥도 비교할 수 없을 정도로 크고, 가지는 하늘보다 높이 뻗어 태양이 닿을 수 없다. 줄기는 측량할 수 없을 만큼 굵고, 뿌리는 어떤 섬보다도 넓다. 또, 이 나무는 영원이라 할 만한 세월을 거듭하는 굳건한 존재다.

"…나무는 그림자가 없었지만 모든 이가 나무의 그늘
아래에서 살았다. (…) 천 년보다 까마득하게 긴 세월
관록을 가진 나무였다. 서쪽 해안가에서 나무를 올려다보며
자란 아이는 죽어서 뿌리로 돌아가고, 영은 나무를 타고
하늘로 승천한다 했다. 나무는 전설과 이야깃거리와
역사를 만들었다. 때로 나무의 위엄을 빌리고자 한 육지의
권력자와 나무의 영원성을 의심한 학자들이 있었지만
한 세월 짧게 흘러가고 나면 그들 역시 저물어가는 나무
아래에서 쉬었다. 서쪽의 바다, 거기에 웅장한 실체로 선
나무는 결코 인간이 흔들 수 없는 존재였다."

이 까마득히 오래된 나무는 언제나 고정된 상태다. 인간들 사이에 반복되는 갈등과 대립에도 쓰러지지 않고 영원한 시간을 몸으로 드러낸다. 나무야말로 인간에게 과거가 있고 따라서 미래가 있음을 믿을 수 있게 해주는 증거이고, 세상이 끝나지 않으리라는 확신을 주는 약속이다. 무랑가시아 송은 세계수이면서 구세주의 역할을 한다.

그리고 여기, 나무가 가진 영원성에 도달하고자 하는 종단이 있다. 이들이 믿기로는 인간 중에 모든 악을 정화할 수 있는 순수성의 씨앗이 있어, 그 성화가 나무에 도달하면 순수성이 하늘을 타고 올라가 온 세상의 악을 정화한다고 한다. 종단의 목표는 죄악을 박멸하는 것이고, 성화를 통해 악을 절멸하는 것이 종단의 이상이다. 그만한 나무라면 세상을 정화할 힘이 있다는 말에도 신빙성이 있다.

상징과 설정, 다면적인 해석

성화를 모셔가는 여정은 1200년 동안 반복되었으나 한 번도 성공한 적이 없다. 매번 악마의 방해가 있기 때문이다. 악의 종말은 악마의 종말이기에, 악마는 기를 쓰고 성화 일행을 방해해왔다. 악마의 방해를 무릅쓰고 성화를 안전하게 모시기 위해, 성화 일행은 종단 최고의 무사들로 꾸려진다. 전통적으로 다섯 명의 수호자가 역할을 수행하는데, 이 다섯 명은 각각의 호칭에 맞는 권능을 지니고 있다.

일행의 권능을 여러 가지 의미로 해석한다는 점이 〈무랑 가시아 송〉의 재미 중 하나다. 예를 들어 일행 중 주술사인 이 자나리는 물을 건너는 요싯타의 권능을 지닌다. 타는 낙타를 의미하는 글자다.

"그녀의 명호인 요싯타는 바다를 걷는 낙타라고 불리는 해타海駞에서 유래했다. 일반인들로서는 도저히 이해할 수 없는 재능을 가지고 있는 해타들은 말 그대로 망망대해를 맨땅 밟듯이 걸어 다니는 여행자들이었다. 보다 종교적인 의미가 붙어 요싯타로 개칭되긴 했지만 어찌 되었든 해타에서 유래한 명호를 가진 종단 무사들은 물 위를 걷는 권능을 부여받았다."

이자나리는 또한 불을 다루는 주술사다. 둘은 연관이 있다.

"그녀가 불러낼 수 있고 해방시킬 수 있는 힘은 대부분 거세게 타오르는 불길로 구체화되었다. 서른두 해를 살아오면서 이자나리는 그 불길로 악한 이와 맞섰고,

추위에 떠는 이를 데웠으며, 그리고 죽은 이를 불살라
자유롭게 만들어주었다. 그녀는 물을 건너는 요싯타였다.
생사를 가르는 마지막 강을 건널 때 죽은 이들은 그녀의
손을 붙잡았다. 천도를 행하는 종단 무녀로서 이자나리는
그들의 혼과 함께 가없는 명계의 강을 걸었다. 영혼을
건네는 무녀인 이자나리와 육신을 태우는 불은 잘
어울리기도 했다."

　이들이 가진 권능은 그들의 인성과도 닿아 있다. 이자나
리는 바다를 횡단하는 낙타처럼 무뚝뚝하지만 성실하게 자기
일을 행하는 사람이다. 하늘을 뜻하는 태을의 칭호를 가진 노
휘는 누구보다도 종단의 이상을 성취하고 싶어 하는 이상주
의자다. 절대로 선수를 내주지 않는다는 격귀 시울비는 관찰
력이 뛰어나고 조심스럽다. 일행 각각의 능력은 전투 기술이
기도 하고, 무랑가시아 송을 향한 여정에서의 역할이기도 하
고, 그들 자신의 '최후의 순간'을 결정하는 요소이기도 하다.
　이런 다면적인 해석은 성화나 악마에게도 마찬가지로 적
용된다. 성화는 순수성의 씨앗이고, 어떤 외부 사념에도 지배
당하지 않는다. 하지만 마냥 착하고 순수한 인물이 성화가 되
는 것은 아니다. 여기 등장하는 악마 역시 초자연적인 존재이

자 다른 무언가일 수 있다. 인간이 악마에 대해 알고 있는 것
은 "악마는 최후에 꼬리를 내민다"는 말과, 악마가 인간의 그
림자를 빨아먹는다는 것뿐이다.

악, 인간의 그림자

"힘을 얻고자 하는 악마는 아무도 모르게 사람들 사이로
파고들지. 그러고 나서 눈치채지 못할 정도로 조금씩,
조금씩 남의 그림자를 흡수하는 거야. 신의 적대자로
태어난 악마는 그 뿌리부터 그림자의 영역에 속해 있기
때문에 온갖 증오와 번민, 비탄의 배설물인 그림자를
빨아먹으며 그 힘을 키우지. 그림자를 훔치지 못한 악마의
힘은 두려울 것이 못 되지만 여러 인간의 그림자를 훔친
악마는 종단의 가장 강력한 무사들조차 저지할 수 없어."

악마는 그림자에서 힘을 얻는다. 인간의 그림자를 모은 존
재이기 때문이다. 말 그대로, "네 그림자가 이유 없이 짧아진
다면 그건 주위에 악마가 있다는 뜻"이다. 성화를 통해 세상
을 정화하러 가는 길은 바꿔 말하면 인간의 그림자를 없애기
위한 여정이다. 성화가 무랑가시아 송이 도달하면 무슨 일이

일어나냐는 질문에, 일행의 지도자 격인 노휘는 이렇게 대답한다.

"원래부터 있던 죄악이 말소되는 것이 아니라 인간의 세상 자체가 죄악을 넘어서 버리게 되지. 그 누구도 죄악이 무엇인지 알 수 없게 된다네. 원래부터 죄악이 존재할 수 없기 때문에. 죄악에 의해 슬퍼하는 자, 분노하는 자, 혹은 스스로를 포기해 버리는 자들도 사라지고 용서하는 자와 구원하는 자들 또한 사라져. (…) 무랑가시아 송이 드디어 인간과 신성을 이어 버린 세상에서는 태양이 지상보다 낮게 뜨기…… 그림자 또한 존재할 이유를 잃지. 증오와 비탄, 번민이 유래하는 바로 그 어두운 힘 말일세."

하지만 정말로, 악을 정화하면 더 나은 세상이 될까? 인간에게서 그림자를 걷어내면 사람들은 행복하게 살 수 있을까?

독일 동화 중 그림자를 팔아버린 사내 이야기가 있다. 그는 금화가 끝없이 나오는 주머니를 갖고 싶어 자기 그림자를 판다. 그는 부를 위해 그림자를 버렸지만, 성화를 모시는 종단은 죄악을 없애기 위해 그림자를 버리고자 한다. 개인적 차원에서 생각해봐도, 누구나 떠올리기만 해도 이불 속에서 하이

킥이 나오는 기억 하나씩은 갖고 있을 것이다. 그런 후회, 증오, 번민이 모두 '그림자'에서 온다면? 그리고 그 그림자를 지워버릴 수 있다면?

사내 이야기는 이렇게 이어진다. 그는 그림자를 팔 때만 해도 그게 중요하다고 생각해본 적이 없었는데, 막상 그림자가 없으니 다른 사람들이 사람 취급을 안 해준다. 그림자가 있어야 온전한 인간이기 때문이다. 그는 자기 그림자도 제대로 챙기지 못한 불성실한 사람, 인간으로서 한 부분이 빠져버린 괴물이다. 결국 사내는 사랑하는 여인도 잃어버린 채 마을에서 나오게 된다. 그림자란 실체를 반영하는 것이므로, 그림자를 판 사내는 그때 자신의 실체도 잃어버린 것이다.

〈무랑가시아 송〉에 나오는 그림자는 인간의 반영이다. 죄를 저지르고 악마를 만들어내는 것도 결국 인간이다. 부정하고 싶어도 어찌할 수 없는 부분이다. 그림자가 주인을 따라한다고 욕할 수는 없는 노릇이다. 사람들은 생각이 다르니까 갈등이 일어나고, 정면으로 찌르고 싶지 않으니 속이고, 지키고자 하는 바가 다르니 싸운다. 생각이나 행동에 수반되는 결과가 모두 좋을 수는 없다. 한낱 인간인 이상 어리석은 생각이나 행동을 할 수밖에 없고, 그래서 사람들은 이불을 뒤집어쓴다. 태을 노휘가 이야기하는 목적은 숭고하지만, 세상에서 안 좋은 면만 쏙 빼버린다는 것은 불가능하다.

결국 악이니 악마니 하는 건 사람들이 자기 그림자를 보고 놀라 하는 말이 아닐까. 온 누리의 그림자를 없애는 악의 정화란 인간을 인간으로 두는 한 부분을 지우는 일이다. 좋고 나쁘고를 떠나, 자기 자신으로 남기 위해서는 감수해야 하는 부분이다. 그림자를 잃어버린 사내는 근거지를 잃고 떠도는 신세가 된다.

뿌리부터 가지까지

"나무는 그림자가 없었지만 모든 이가 나무의 그림자에서
살았다."

일행이 나무에 이르는 길은 곧 인간이 나무의 경지에 이르는 길이다. 나무는 자신이 살아온 세월을 부정하거나 망각하지 않는다. 좋고 나쁨을 가려서 받아들이지도 않는다. 대신 그 줄기 안에 살아온 모든 세월을 숨김없이 담는다. 이전까지 성화 일행이 실패한 이유는 여전히 갈등을 내재하고 있었기 때문일 것이다. 그림자를 맞서 싸울 적으로만 규정하는 종단의 마음가짐으로는 악마에게 그림자를 내줄 뿐이다. 자신에게

붙어 있는 그림자까지 받아들여야, 선악을 뛰어넘어 있는 그 대로의 모습으로 받아들일 수 있어야 나무에 도달할 수 있다.

그리고 나무란 자고로 찾아오는 모든 이에게 공평하게 손을 내미는 법이다. 지하로 뿌리를 뻗으면 또 위를 향해 가지를 내밀기에, 땅에 사는 인간도 나무를 타고 하늘에 오를 수 있다. 인간사에 참견하는 일 없이 세상을 굽어보는 무랑가시아 송은, 인간과 그림자, 성화와 악마를 가리지 않고 받아들인다. 나무는 그렇게 우리를 구원한다.

물론 인간은 나무가 될 수 없다. 아무리 악이 증오와 비탄의 근원이라 하더라도, 그 역시 인간성의 반영이라면 과연 악을 뿌리 뽑는 것이 옳은지조차 알 수 없다. 나무는 이에 답하지 않는다. 답을 구하기 위해 움직이는 것은 인간이다. 그렇기 때문에 성화 일행은 끊임없이 나무를 향해 여행을 떠난다.

거창한 이야기를 늘어놓았지만, 사실 〈무랑가시아 송〉이 이야기를 풀어가는 방법은 미스터리에 가깝다. 범인을 찾는 대신 악마의 정체를 풀어가는 과정이다. 앞서 떠났던 성화 일행은 모두 죽었지만, 이들이 어쩌다 살해당했는지는 아무도 모른다. 이번 열한 번째에도, 시간이 지날수록 동료들은 하나씩 시체로 발견된다. 의심은 깊어지는데 상황은 나아지지 않는다. "악마는 최후의 순간에 꼬리를 내민다"고는 해도, 그 최후의 순간이 언제인지는 도달하기 전까지 확신할 수 없다. 책에는 "미스터리를 겸비한 동양적 환상소설"이라고 쓰여 있는데, 그렇게 보면 스릴러 요소도 좀 있다.

전개 자체는 빠른 속도로 흘러가기 때문에 이야기에 올라타기는 어렵지 않다. 한자어가 많아서 읽기 뻑뻑할 수 있다. 대충 2장까지만 읽고 나면 그다음부터는 잘 넘어간다. 개인적으로 흥미가 동하기 시작하는 부분은 18쪽이었다.

그리고 환상소설의 장르적 이점을 잘 취했다는 것은 장점이라 할 만하다. 추상적인 의미를 구체적인 형태로 다룰 수 있다는 점에서다. 니체가 말한 "신은 죽었다"는 개념으로서의 신을 이야기하지만, 장르소설에서 "신은 죽었다"라고 한다면 그건 신이 진짜 죽어서 시체가 바다에 떠다니고 있다는 뜻이다. 이렇듯 여기 나오는 악마는 종교적 비유가 아니라 진짜 있는 존재다. 말도 하고 공격도 한다. 그런데 악마는 악마라서, 그는 세상의 모든 악을 대표하는 개념이기도 하다. 덕분에 인간의 그림자니 선악이니 하는 이야기를 다루면서도 형이상학으로 흐르지 않는다.

성화나 악마, 호위 무사들의 권능 등의 요소는 머릿속으로 굴려보는 재미가 있다. 예를 들어 어왜수의 경우, 그는 짐승 수獸를 쓰는 호칭답게 짐승의 마음을 읽을 수 있다. 사람이 아닌 존재의 마음을 드나들 수 있는 능력이기에, 인간 중에 섞여 있는 성화를 찾아내는 것도 어왜수가 하는 일이다. 만약 이영도의 〈눈물을 마시는 새〉를 읽으며 "셋이 하나를 상대한다"나 신의 이름들을 해석하는 방법에 재미있어 했던 사람이라면 분명 마음에 들 것이다.

내가 나라면, 나는 누구인가
〈7인의 집행관〉
2013, 김보영

〈7인의 집행관〉 ⓒ폴라북스

휴가 끝나기 전전날 밤, 강원도에서 김보영 작가와 이런
대화를 했다. "우울증은 어떻게 사라진 거예요?" "모르겠어

요. 언젠가부터 내가 변했어요. 더 이상 이전처럼 생각하고 행동하지 않게 됐어요." "어떤 게 변했어요?" "죽음에 대해 생각하지 않게 되었어요. 글쎄요. 일단 〈7인의 집행관〉을 마무리했고요."

작가는 이전에 '작가와의 만남' 대담에서 〈7인의 집행관〉을 끝낸 날 2년 동안 드리워져 있던 그림자가 사라졌다고 이야기했다. '빠져나올 수 없다'는 시점에서 깨어나는 꿈을 반복적으로 꾸었는데, 더는 그 꿈을 꾸지 않게 되었다고도. 첫 장편인 이 책은 자신이 가지고 있던 어두움, 해답 없는 문제를 두고 분투한 결과물이며 그래서 어둡고 산만하지만 자신에게는 일종의 답이 되었다는 요지의 이야기도 했다. "예전에 비해 많이 변했어요. 전에는 나한테 자신이 없으니까 내가 뭐라고, 하는 태도로 살았어요. 계약도 들어오는 대로 받았죠. 더 좋은 조건으로 제의가 들어와도 앞의 계약에 묶여서 그냥 보내고 그랬어요." "손에 쥔 걸 못 놓게 되죠. 가진 게 없으니까. 하지만 사람이 구석으로 몰렸을 때는 그게 최선이고요." "큰상을 받으면 내가 변할지 생각해봤어요. 별 차이 없을 것 같아요. 지금의 나는. 이전이라면 내가 어찌 감히 상을 받겠냐고 생각했겠죠."

〈7인의 집행관〉은 "내가 나라면"이라는 질문을 반복한다.

내가 나라면, 내 이름을 잃고 과거를 잃고 몸을 잃고 기억을 잃어도, 내가 나라면. '나'는 과거에 어떤 극악한 죄를 지어 일곱 번의 사형을 언도받았다. 사형을 집행할 집행관 일곱 명은 각기 주인공에게 복수할 이유가 있어 자신이 원하는 세상에서 원하는 방식으로 그를 처형할 권한을 얻었다. 그가 어떤 가짜 삶을 살다 죽을지도 임의로 만들어낼 수 있다. 그에게는 가짜 몸, 가짜 기억, 가짜 원칙이 주어지고, 죽음만은 '나' 자신의 선택으로 이루어진다. 처형이 진행되는 가운데 단편적으로 드러나는 사실에 따르면 주인공은 그들보다 더 은밀한 영역에서 익명의 적과 내기를 하는 중이다. 자세한 사항은 기억하지 못하지만 이 모든 것에도 불구하고 주인공이 여전히 그 자신이라면, 그가 이기는 내기다.

거듭되는 죽음은 불교의 윤회전생과 닮았다. 주인공은 죽고 나면 전혀 다른 세상에 새로 던져진다. 이전 생의 업 때문에, 오로지 고통받기 위해서 생겨난 신기루 삶이다. 〈7인의 집행관〉은 에둘러 말하는 식으로 쓰였고 이상의 내용을 파악하기 위해서는 반복되는 처형 중에 흩어진 단서를 조합해야 한다. 사실, 책을 끝까지 읽어도 주인공의 예전 삶에 관해선 이후의 삶과 마찬가지로 약간의 정보밖에 얻지 못한다. 독자는 여전히 그가 누구인지 모른다. 조금 더 회의적으로 들어가면, 각 집행에서 죽는 인물이 다른 집행에서와 같은 사람인지조차 불확실하다. 주인공의 처음의 삶이 유일한 진짜 삶이라고 하지만 그게 사실이라는 보장은 사라진 기억만큼이나 희미하다. 우리는 집행관들이 그를 동일한 인물, 사형을 언도받은 '흑영'이라고 다루니 그가 내내 같은 사람이라고 간주할 뿐이다. 그가 "이 모든 것에도 불구하고 여전히 그 자신인지" 아닌지는 내기가 끝나야 알 수 있는데, 사람이 자신을 자신이라고 증명하는 일은 어떻게 가능할까? "내가 나라면"의 '나'는 누구인가? '나'의 본질은 따로 존재하는가? 각 집행의 '나'들은 전부 '나'인가?

'나'를 구성한다고 여기는 모든 것을 지워도 '나'가 남을 수 있는지, 누구도 앗아갈 수 없는 '나'만의 본질적인 요소가 있는지, 그는 이를 유지했는지가 문제다. 흑영은 마지막에 모든 이야기를 이어줄 이름과 기억을 찾는 것처럼 보인다. 하지만 내기의 내용은 기억 등을 다 잃어도 그가 그 자신으로 남는지 여부였고, 처음의 잔재를 찾았다는 점은 증명에 도움이 되지 않는다. 주인공에게 인과를 이해할 단서를 주고 흑영이라는 단일한 정체성을 부여하는 사람은 주인공 자신이 아니라 그를 기억하는 집행관들이다. 그들은 과거의 흑영을 기억한다. 그들이 있기에 주인공의 여러 삶 중 진짜 삶과 가짜 삶에 구별이 생기고, 알려진 신상 명세 중 무엇이 보다 근본적인지 판단할 기준이 생긴다. 집행관들은 주인공의 행동을 흑영다운 행동이라고 받아들인다. 주인공이 기억을 비롯해 모든 걸 잃은 상태임에도 갑작스레 원래대로 돌아가지 않을지, 통제 가능한 처형 대상이 아니라 미지의 영역으로 되돌아가지 않을지 불안해하기도 한다. 주인공은 그저 살아남는 것 이외에 자신을 자신이라고 증명할 필요가 없다. 그리고 살아남은 결과로 어느새 적과의 내기에도 이긴다. 그는 같은 사람이라고 믿기고 같은 사람이라고 불리지만, 결국 "내가 나라면"의 문제는 애매한 채로 남는다. 장자의 나비처럼. 그리고 테세우스의 배처럼. 혹은 한편으로 헤라클레이토스의 강처럼.

　'나'는 누구인가, '나'를 '나'라고 구별 짓는 본질적인 요소가 따로 존재하는가, '밀린다 왕의 물음'이라는 뜻의 〈밀린다 팡하〉는 첫 장에서 이 문제를 다룬다. 밀린다 왕 앞에 불려온 고승은 말한다. "나는 나가세나라는 이름으로 알려져 있습니다. 나가세나라는 이름은 명칭에 지나지 않습니다. 거기에 인격적 개체는 인정할 수 없습니다." 나가세나라는 이름은 존재하지만 그 이름이 곧 '나'인 것은 아니다. 불교의 5온설五蘊說에 따르면 사람은 색色(물질, 신체), 수受(쾌락이나 고통 등의 감수), 상想(지각), 행行(기질이나 성격 등 정신작용), 식識(의식) 다섯 가지로 이루어진다. 그러나 고승은 '나'는 색, 수, 상, 행, 식, 혹은 다른 무엇도 아니며, 다섯 가지 전부를 합친 것도 아니라고 이야기한다. 이해하지 못하는 왕에게 반대로 고승이 묻는다. 마차의 비유다. 채가 마차인가? 왕이 답한다, 아니다. 굴대가 마차인가? 아니다. 채, 굴대, 바퀴, … 고삐, 채찍이 마차인가? 아니다. 그렇다면 모두를 합친 것이 마차인가? 그것도 아니다. 마차를 구성한다고 생각하는 요소를 적절히 조합해도 그 모음이 곧 마차이지는 않다. "요점은 전체가 어떤 의미에서는 전체를 이루는 부분들보다 덜 실질적이고 덜 객관적이며 관습의 문제에 더 가깝다는 것이다. 우선 부분들은 전체와는 다른 방식으로 독립적이다. 마차가 존재하지 않아도 굴대는 존재할 수 있지만, 굴대가 없으면 마차는 존재할 수 없다. (독일 철학자 고트프리트 빌헬름 라이프니츠가 후대에 말했듯이, 전체는 부분들의 실체로부터 '빌려온' 실체만을 가지고 있다.) 더욱이 무엇을 전체로 간주할지 결정하는 일은 대상의 본성이 아니라 우리 자신과 우리의 목표에 어느 정도 달려 있다. 우리가 마차에서 채와 바퀴 하나를 없애고 남는 부분들의 집합은 그 자체로 불완전한 것이 아니라, 우리가 원하는 마차와 비교할 때만 불완전한 것이다." 그러므로 자신이라는 인격적 개체에 집착하지 마라, 그것은 아집이며 번뇌를 낳는다. 차안의 찰나와 피안의 영원을 이야기하는 불교다운 가르침이다. 고승은 '나'의 본질이 있는지, 나를 '나'로 만드는 근본적인 요소가 무엇인지에 관해서는 분명히 답하지 않는다. 그런 게 있겠느냐는 비유로 솜씨 좋게 피해간다. 중요한 문제가 못 된다는 게 고승이 내놓는 답이다.

이에 따르면 각 집행에서 처형되는 주인공이 처음부터 끝까지 본질을 유지하는지, 각각이 그를 본 딴 프로그램이고 진짜 그는 이미 사라져버렸는지 아닌지 분간할 근거는 딱히 없는 셈이다. 근거도 없고 중요하지도 않다. 〈7인의 집행관〉과 그 주인공은 '나'에 제기되는 철학적인 문제에 시달리지 않는다. 그는 자신이 누구인지, 원하는 대로 행동해도 괜찮은지, 계속 살아도 되는지 고민하지 않는다. 고민 없이 확신한다. 그는 자신은 자신이고 살아 있는 한 살아간다는 사실을 굳건한 전제로 두고, 언제나 전진하고 행동하는 방향으로 움직인다. 주변 등장인물과 독자가 작가마저 답을 모르는 골치 아픈 미로를 두고도 길을 잃지 않는 이유는 주인공이 가진 강력한 벡터가 길을 안내하기 때문이다. 결국 자신이란 임의로 주어진 관습적인 것이다. 테세우스의 배가 수리를 거듭해 모든 판자를 교체하게 되더라도 여전히 같은 배라고 불리는 이유는 우리가 같은 배라고 여기기 때문이다. 집행관들은 그를 그가 아니라고 여길 이유가 없으므로 그가 여전히 그라고 믿었다. 다른 이들이 그를 그가 아니라고 여길 이유가 없던 까닭은 그가 자신이 자신이라는 점에서 흔들리지 않았기 때문이다. 그 자신이 고민하지 않으므로 그가 자신이 자신이라고 믿는 데는 타인의 인정이 필요하지 않았다. 그의 과제는 증명이 아니라 확신이었고, 그는 고민하는 대신에 행동했다. 내기는 애초에 답 없는 함정이었다. 누가 더 확신하느냐 하는 사기였고, 속아 넘어간 쪽은 그의 적이었다.

〈7인의 집행관〉은 "내가 나라면"으로 시작하지만 '나'가 누구인지는 입증하지 않는다. 주인공은 그에게 살아갈 자격이 있는가를 비롯해 많은 질문에 대답하지 않는다. 뻔뻔한 사기였지만 내기는 그가 이겼다. "내가 나"인지 변변찮은 증명을 내놓지 못하면 '나'의 지위는 불안정해지는가. 살아갈 자격을 보이지 못하면 사는 걸 무안해해야 하나. 증명할 수 없는 문제로 충분히 고민했다면 주인공의 방식을 따라 그냥 확신해버리는 것도 괜찮은 태도일지 모른다. 자신을 자신 있게 믿으면 사는 데 도움이 되는데, 자신이 있으면 주저 없이 전진하고 행동하기 때문이다. 내가 뭐라고, 나는 뭐 하러 사나 하는 바닥에 떨어졌다면 참고해볼 견해가 여기 있다. 자신은 어차피 임의적이고 관습적인 존재이며, 내가 누구인지는 내가 누구라고 확신하는 데 별로 중요한 문제가 아니라고. 입증 과정이 중요하지 않다는 걸 알게 되면 바닥에서 벗어나기 위해서 굳이 다른 곳으로 빠져나갈 필요가 없다는 것도 알게 된다.

강원도는 햇볕 쨍쨍하고 바람 선선하고 겨울에는 사람 살 자리가 못 되지만 여름에는 한적하고 아름다운 곳이다. 밤에 달이 뜨면 다른 조명이 없어도 사방이 보일 정도로 밝아진다. 나는 내가 뻔뻔하게 살아도 되는지 고민하지 않았고, 대신 고기를 마음껏 먹고 귀가했다.

이 책을 후원해주신 분들

강나루 강명지 강지우 강현욱 강혜윤 강혜인 강효정 고은아
공주 곽성숙 권장미 권해인 금미향 금정연 기남경 길상효
김건주 김건하 김남석 김남호 김남희 김다현 김동화 김미조
김병기 김보라 김보영 김상철 김성우 김성일 김세경 김세원
김소연 김소희 김수인 김아름 김예지 김예지(2) 김용권 김윤성
김윤정 김윤희 김이환 김재희 김정심 김정현 김주용 김지안
김지연 김지현 김지혜 김진화 김태경 김필수 김현범 김현성
김현영 남성진 노찬오 도영민 문현석 박건희 박경아 박동규
박동수 박민정 박상희 박선영 박성훈 박수정 박수지 박수진
박수진(2) 박승호 박용숙 박유진 박윤정 박종우 박지선 박지애
박지원 박창용 박태준 박하윤 박현주 박혜은 박희수 서강선
서수연 서지수 성지윤 손지상 손진원 송근우 송다은 송미경
송지영 송치민 신가인 신유식 심너울 심지하 안상균 안정원
안주영 안효민 양윤영 엄소연 연민경 오상엽 오선우 오승연

오지영 왕효진 우석균 우희정 유다은 유새벽 유서연 유성윤
유재수 유지현 윤미리 윤숙희 윤정희 윤지혜 윤희진 이강희
이건우 이민용 이민진 이상근 이성진 이송현 이아름 이우림
이우미 이윤찬 이은철 이재경 이정옥 이정현 이주신 이주영
이주형 이지선 이지윤 이지현 이지희 이창훈 이채은 이철원
이학성 이현정 이혜령 이혜원 이혜은 이희구 임현정 장문경
장서정 장수진 장요철 장종찬 장철원 전다혜 전상진 전혜진
정경화 정구연 정도영 정민채 정석구 정성욱 정소연 정예진
정용환 정윤서 정주희 정지영 정지훈 정직한 정현숙 조기영
조보민 조성은 조수현 조아영 조애경 조우희 조정민 조정학
조주연 주원효 천승권 최수은 최영송 최인규 최지연 최지영
최지원 최지혜 최진영 최진희 최창호 최현민 최현숙 최형석
표석 한윤선 허당 허운 허재영 홍수연 황선영 외 38분

SF는 정말 끝내주는데

발행	1판 1쇄 2020년 8월 31일
	1판 2쇄 2020년 9월 21일

지은이	심완선
책임편집	강상준
교열	남은경
디자인	강현아

펴낸이	정종호
펴낸곳	에이플랫
출판등록	2018년 8월 13일(제2020-000036호)
이메일	aflatbook@gmail.com
블로그	blog.naver.com/aflatbook
가격	15,000원

ⓒ 2020 에이플랫

이 책은 저작권법에 의하여 한국 내에서 보호를 받는 저작물이므로 무단전재와 복제를 금하며, 이 책 내용의 전부 또는 일부를 이용하려면 반드시 지은이와 에이플랫의 서면 동의를 받아야 합니다.

ISBN   979-11-89836-26-9 04680

이 도서의 국립중앙도서관 출판예정도서목록(CIP)은 서지정보유통지원시스템 홈페이지(http://seoji.nl.go.kr)와 국가자료종합목록 구축시스템(http://kolis-net.nl.go.kr)에서 이용하실 수 있습니다. (CIP제어번호 : CIP2020029618)

에이플랫은 언제나 기성 및 신인 작가의 원고를 기다리고 있습니다.